Para

com votos de paz.

Divaldo Franco
Pelo Espírito Joanna de Ângelis

Momentos de saúde e de consciência

Série Psicológica Joanna de Ângelis
Vol. 4

ASSOCIAÇÃO BRASILEIRA DE
DIREITOS REPROGRÁFICOS

EDITORA LEAL

Salvador
3. ed. – 2024

COPYRIGHT © (1991 – Momentos de saúde
· 1992 – Momentos de consciência)
CENTRO ESPÍRITA CAMINHO DA REDENÇÃO
Rua Jayme Vieira Lima, 104
Pau da Lima, Salvador, BA. CEP 412350-000
SITE: https://mansaodocaminho.com.br
EDIÇÃO: 3. ed. (9ª reimpressão) – 2024
TIRAGEM: 3.000 exemplares (milheiro: 25.000)
COORDENAÇÃO EDITORIAL
Lívia Maria C. Sousa

REVISÃO
Luciano Urpia · Lívia Maria C. Sousa
CAPA
Cláudio Urpia
MONTAGEM DE CAPA
Ailton Bosco
EDITORAÇÃO ELETRÔNICA
Lívia Maria C. Sousa
COEDIÇÃO E PUBLICAÇÃO
Instituto Beneficente Boa Nova

PRODUÇÃO GRÁFICA
LIVRARIA ESPÍRITA ALVORADA EDITORA – LEAL
E-mail: editora.leal@cecr.com.br

DISTRIBUIÇÃO
INSTITUTO BENEFICENTE BOA NOVA
Av. Porto Ferreira, 1031, Parque Iracema. CEP 15809-020
Catanduva-SP.
Contatos: (17) 3531-4444 | (17) 99777-7413 (WhatsApp)
E-mail: boanova@boanova.net
Vendas on-line: https://www.livrarialeal.com.br

Dados Internacionais de Catalogação na Publicação (CIP)
(Catalogação na fonte)
BIBLIOTECA JOANNA DE ÂNGELIS

F825   FRANCO, Divaldo Pereira. (1927)

   Momentos de saúde e de consciência. 3. ed. / Pelo Espírito
Joanna de Ângelis [psicografado por] Divaldo Pereira Franco. Salvador:
LEAL, 2024 (Série Psicológica, volume 4).
   176 p.
   ISBN: 978-85-61879-92-1

   1. Espiritismo 2. Psicografia 3. Saúde 4. Consciência
I. Franco, Divaldo II. Título

                  CDD: 133.93

Bibliotecária responsável: Maria Suely de Castro Martins – CRB-5/509

SUMÁRIO

PRIMEIRA PARTE — MOMENTOS DE SAÚDE

Segunda parte – Momentos de consciência

MOMENTOS DE SAÚDE

Aconquista da saúde integral é a meta ambicionada pela criatura humana.

Conseguir a harmonia entre o equilíbrio orgânico, o emocional e o psíquico, num quadro geral de bem-estar, constitui um grande desafio para a inteligência humana que, milenarmente, vem recorrendo às mais variadas quão complexas experiências, que têm resultado em admiráveis e valiosas conquistas.

Desse labor específico aliado a outros da Ciência apoiada à tecnologia, relativamente ao meio ambiente, aos fatores destrutivos, a vida humana atinge hoje os mais elevados índices de longevidade de todos os tempos.

O homem tem conseguido banir da Terra enfermidades que dizimavam, no passado, povos inteiros, em permanente ameaça de extinção do gênero humano.

A precisão de diagnóstico e o uso de sofisticados aparelhos vêm logrando o milagre de detectar graves enfermidades antes da sua calamitosa manifestação, ou no seu início, ao lado de terapêuticas avançadas, que prolongam a existência carnal, diminuem as dores e preservam os órgãos, mesmo quando afetados.

Certamente, novas doenças surgem e tomam conta das paisagens humanas, no entanto, sendo estudadas e combatidas sem trégua.

Por instinto, o ser procura evitar o sofrimento ou libertar-se dele, utilizando-se de todos os recursos imagináveis.

O temor do desgaste, da dor e da morte apresenta-se ínsito em todos, sob o comando da necessidade de preservação da vida, o que é uma bênção, evitando, ao máximo, os atos de desespero extremo, que resultam no suicídio, esse nefando inimigo da caminhada evolutiva do Espírito.

Graças à inferioridade humana, permanecem os fatores de perturbação e desordem na área da saúde, desenvolvendo as enfermidades dilaceradoras.

À medida que a criatura se autodescobre e se autopenetra com os equipamentos do amor, constata que a saúde é uma conquista interior, que se reflete no corpo como resultado da harmonia íntima.

Felizmente, a ciência médica alarga o seu elenco conceptual em torno da saúde e da doença, recorrendo a outras disciplinas que contribuem, eficazmente, para o bem-estar dos seres.

As modernas constatações da Psicossomática vêm demonstrar que as ocorrências patológicas, nas áreas psíquica e emocional, facilmente se transferem para a orgânica, ensejando campo para a instalação de doenças de gênese variada. Perturbado o equilíbrio energético de sustentação das células, os fatores imunológicos, sob bombardeio de descargas mentais destrutivas, alteram-se, facultando a instalação e o desenvolvimento dos agentes mortíferos, que produzem a degenerescência do organismo.

Em razão disso, torna-se imprescindível o estabelecimento de uma era de nova consciência de responsabilidade, a fim de que, lúcido e equilibrado, o indivíduo defina os paradigmas de uma conduta moral e mental harmônica, para a aquisição do valioso patrimônio da saúde.

Jesus, em todo o Evangelho, exalta a harmonia moral e emocional da criatura perante a Vida, como fator essencial para a sua salvação – o estado de saúde integral.

Psicoterapeuta incomum, propôs o autoexame em forma de receita para a aquisição da paz, como decorrência das propostas do Amor a Deus acima de todas as coisas e ao próximo como a si mesmo.

Síntese de ímpar sabedoria, o amor é a chave para o enigma da enfermidade/saúde.

Posteriormente, atualizando o pensamento do Mestre, Allan Kardec estabeleceu, na Caridade, *a terapia para a paz e o modelo de aplicação correta para o amor.*

Modernamente, diversas ciências são concordes com esses programas, especialmente as Psicologias Transpessoal, Transacional e Criativa, concitando ao autoencontro, à libertação do entulho mental e moral, *à conquista do ego e plenificação do Self, do Eu espiritual eterno, no seu inevitável processo de crescimento.*

Desejando participar desse abençoado esforço desenvolvido pelos sacerdotes da área da saúde, apresentamos ao caro leitor esta modesta contribuição, que nada inova, porém pretende fazer uma ponte entre as excelentes contribuições do conhecimento tecnológico e os ensinamentos sábios de Jesus e de Allan Kardec, diminuindo o abismo entre a Ciência em si mesma e a Religião, a fim de que avancem unidas, beneficiando as criaturas e a sociedade, que marcham na busca de um amanhã feliz.

Esperando que estes momentos de saúde *sejam o pórtico para conquista da saúde integral, sentimo-nos compensada pelo prazer de participar na obra do Senhor como servidora menor e dedicada.*

JOANNA DE ÂNGELIS
Salvador, 22 de outubro de 1992.

O Psiquismo Divino flui através de mim.
Deus sustenta-me e me conduz em todos os dias
da minha vida.

Há um fluxo e refluxo de força que me percorre
o ser e impulsiona-me ao prosseguimento.

De mim depende coordenar os movimentos,
eleger a meta e avançar.

Submetendo-me a essa força vital, tudo se me
torna acessível, e poderei chegar ao bom termo
das minhas aspirações em paz.

1
DECISÃO DE SER FELIZ

Empenha-te ao máximo para tornar tua vida agradável a ti mesmo e aos outros.

É importante que, tudo quanto faças, apresente um significado positivo, motivador de novos estímulos para o prosseguimento da tua existência, que se deve caracterizar por experiências enriquecedoras.

Se as pessoas que te cercam não concordarem com a tua opção de ser feliz, não te descoroçoes e, sem qualquer agressão, continua gerando bem-estar.

És a única pessoa com quem contarás para estar contigo, desde o berço até o túmulo, e depois dele, como resultado dos teus atos...

Gerar simpatia, produzindo estímulos otimistas para ti mesmo, representa um crescimento emocional significativo, a maturidade psicológica em pleno desabrochar.

É relevante que o teu comportamento produza um intercâmbio agradável, caricioso, com as demais pessoas. No entanto, se não te comprazer, transformar-se-á em tormento, induzindo-te a atitudes perturbadoras, desonestas.

Tuas mudanças e atitudes afetam aqueles com os quais convives. É natural, portanto, que te plenificando, brindem-te com mais recursos para a geração de alegrias em volta de ti.

Todos os grandes líderes da Humanidade lutaram até lograr sua meta – alcançar o que haviam elegido como felicidade, como fundamental para a contínua busca.

Buda renunciou a todo conforto principesco para atingir a iluminação.

Maomé sofreu perseguições e permaneceu indômito até lograr sua meta.

Gandhi foi preso inúmeras vezes, sem reagir, fiel aos planos da não violência e da liberdade para o seu povo.

E Jesus preferiu a cruz infamante à mudança de comportamento fixado no amor.

Todos quantos anelam pela integração com a Consciência Cósmica geram simpatia e animosidade no mundo, estando sempre a braços com os sentimentos desencontrados dos outros, porém fiéis a si mesmos, com quem sempre contam, tanto quanto, naturalmente, com Deus.

Quando se elege uma existência enriquecida de paz e bem-estar, não se está eximindo ao sofrimento, às lutas, às dificuldades que aparecem. Pelo contrário, eles sempre surgem como desafios perturbadores, que a pessoa deve enfrentar, sem perder o rumo, nem alterar o prazer que experimenta na preservação do comportamento elegido. Transforma, dessa maneira, os estímulos afligentes em contribuição positiva, não se lamentando, não sofrendo, não desistindo.

Quem, na luta, apenas vê sofrimento, possui conduta patológica, necessitando de tratamento adequado.

A vida é bênção e deve ser mantida saudável, alegre, promissora, mesmo quando sob a injunção libertadora de provas e expiações.

Tornando tua vida agradável, serão frutíferos e ensolarados todos os teus dias.

O Pensamento Divino concedeu-me liberdade de poder realizar todo bem que desejo.

Ser feliz ou desventurado é-me opção voluntária.

Sou escravo da Lei, que me enseja progredir sem interrupção no tempo.

O que eu sou ou o que serei depende de mim.

A inspiração superior nunca me falta, porém, sintonizar com ela será aspiração pessoal.

Construindo as estruturas existenciais na mente, torná-las-ei realidade no percurso carnal.

2
LIBERDADE DE ESCOLHA

És livre para imprimir na tua existência o padrão de felicidade ou de aflição com o qual desejes conviver. A liberdade é Lei da Vida, que faz parte do concerto da harmonia universal.

Os imperativos inamovíveis e deterministas são vida e morte, no que diz respeito aos equipamentos orgânicos, mesmo assim, sob o fatalismo de incessantes transformações.

Submetido à ordem da ação, que desencadeia reações correspondentes, és o que de ti próprio faças, movimentando-te no rumo que eleges.

Há pessoas que preferem a queixa e a lamentação, armazenando o pessimismo em que se realizam. *Negociam* o carinho que pretendem receber com as altas quotas de padecimentos que criam psiquicamente.

Ao lado de outras, que *chantageiam* os afetos, mediante a adoção de sofrimentos irreais, estabelecem como metas a conquista de atenções e carícias que lhes são sempre insuficientes, não se dando conta de que, dessa forma, farão secar a fonte generosa que as oferece.

Ninguém se sente bem ao lado de criaturas que elegem o infortúnio como falsa solução para os seus conflitos existenciais.

Essa coação emocional termina por produzir amizades falsas, situações constrangedoras, mais insegurança.

Podes e deves ser feliz. Esta é a tua liberdade de escolha.

Se te encontras atrelado ao carro das aflições, porfia construindo o bem e te libertarás.

A dificuldade de agora é o efeito da insensatez do passado.

A vida renova-se a cada momento.

Situações funestas alteram-se para melhor, à semelhança de paisagens ensombradas que rapidamente se vestem de Sol.

Não dês trégua à desdita, à ociosidade, aos queixumes.

És senhor do teu destino, e ele tem para ti, como ponto de encontro, o infinito.

Quem se desvaloriza e se desmerece, e se invalida, fica na retaguarda.

É necessário que te envolvas com o Programa Divino. Todo aquele que se não *envolve* positivamente, nunca se desenvolve.

Se preferires sofrer, terás liberdade para a experiência até o momento em que te transfiras para a opção do bem-estar.

Desse modo, não transformes incidentes de pequena monta, coisas e ocorrências corriqueiras, em tragédias.

Ninguém tem o destino do sofrimento. Ele é resultado da ação negativa, jamais a causa.

Faze uma avaliação honesta da tua existência, sem consciência de culpa, sem pieguismo desculpista, sem coerção de qualquer natureza, e logo depois desperta para o que deves produzir de bom, de útil, de construtivo, empenhando-te na realização da tua liberdade de ser feliz.

*A Presença Divina apoia-me nos processos
de crescimento e renovação.*

*Cada momento constitui-me oportunidade
nova para avançar ou corrigir erros.*

*As transformações que a vida opera são fases de
desenvolvimento.*

*A poda renova; a dor desperta; a provação
educa; a alteração de comportamento propõe
esforço.*

*Estou fadado à felicidade, que lograrei mediante
renovação e luta, pois que sou filho de Deus.*

3
FENÔMENOS RENOVADORES

A vida é um incessante mecanismo de transformações. Nada permanece inalterável. A mudança é fenômeno natural do processo renovador. Tudo quanto não se renova, morre, impondo um normal efeito de desenvolvimento. O repouso é interpretação equivocada em torno de ocorrências não detectadas.

Desse modo, emoções, organização fisiológica, comportamentos humanos encontram-se sujeitos aos imperativos de alterações necessárias, variando de acordo com ocorrências, circunstâncias, ocasiões.

Essas alterações na criatura humana procedem de estados diferenciados de consciência, de padrões mentais diversos, de filosofias existenciais variadas.

Conforme se pensa, assim se procede.

A mente, exteriorizando os níveis psicológicos, é responsável pelas atitudes, por expressar a realidade espiritual de cada um.

O processo que precede à ação é de natureza mental. Portanto, tudo quanto se afirma, ou se nega mentalmente, passa a exercer preponderância que se *materializa* no campo da realidade objetiva.

O cultivo das ideias pessimistas, geradoras de enfermidades e dissabores, angústias e tragédias, deve ser substituído pelos pensamentos saudáveis, produtivos, responsáveis pelos bens da vida.

Ninguém há que se encontre fadado à desdita. Renovando-se, altera-se-lhe a paisagem para o futuro, mediante o que elabore na área dos desejos mentais.

Os teus pensamentos seguem a linha direcional das tuas aspirações. O que anelas na emoção, elaboras na construção mental. Sucederá, portanto, conforme o queiras.

Certamente experimentarás, no transcurso da existência física, provas e expiações decorrentes de pensamentos e atitudes passadas, ora retornando ao proscênio do ser como mecanismos de reparação, resgate, reeducação.

Houvesses agido de forma diferente e enfrentarias outras situações cármicas.

Não obstante tais efeitos, a Lei de Renovação propele-te à modificação da estrutura dos dias porvindouros, mediante a tua conduta presente.

Revisa, quanto antes, os teus planos de ação. Submete-os a uma análise tranquila e considera as tuas possibilidades atuais, refazendo programas e estabelecendo metas novas.

Se te parecem corretos, amplia-os. Se te manifestam insuficientes ou perturbadores, corrige-os. Renova-te, porém, alterando sempre para melhor as tuas disposições de crescimento, seja como for que te encontres.

Não exijas que as pessoas sejam-te iguais, sempre as mesmas, com repetitivos hábitos, expressando-te idênticos sentimentos.

Diante dos afetos que diminuíram de intensidade; dos comportamentos que se alteraram; das situações que sofreram mudanças; dos amigos que fizeram novas opções; do entusiasmo que arrefeceu ou passou para a outra área; dos desafios novos, não te insurjas pela depressão ou violência. São fenômenos, esses, de mudança que a vida impõe. Aceita-os com calma e em paz, continuando com os ideais nobres e evoluindo sempre, sem retentivas com a retaguarda nem ansiedades em relação ao futuro.

A Força Divina perpassa pela minha mente e meu corpo.

Renasci em situação penosa para treinamento da evolução.

As pessoas são conforme se comprazem, mas eu sou uma busca perene da harmonia.

O mal que me fizeram tornarei um bem para mim. Não era intenção deles estigmatizar-me. Sucede que, por seu turno, foram vítimas e não sabiam fazer melhor. Assim, eu os amo e serei livre para conquistar as metas da perfeição.

4

LIBERAÇÃO

As cargas mentais negativas possuem a nefasta força de desorganizar as engrenagens psicológicas e físicas do ser. Acostumando-se-lhes, será necessário ingente esforço para destrinçá-las, nos sutis emaranhados dos campos de energia geradora da vida.

Recordações desagradáveis, pensamentos perturbadores, ideias viciosas, frases deprimentes do ontem ressumam como necessidades de queixas, ressentimentos guardados, iras conservadas, depreciação de si mesmo, desamor, num conjunto de ingredientes destrutivos, que terminam por desorganizar o ser que se lhes permite vitimar.

Não se pode evitar o haver nascido em um lar agressivo, entre pessoas hostis, sob injunções morais e socioeconômicas penosas. Tal acontecimento faz parte do passado e a lamentação somente o complica, em vez de eliminá-lo.

Submeter-se às reminiscências deploráveis torna-se uma forma de infeliz masoquismo, que vitaliza o que não se tem como eliminar, embora os recursos de que se dispõe para sobrepô-las e esquecê-las.

Toda vez que alguém se apoia à autocompaixão diante do insucesso da existência planetária, acomoda-se ao sucedido e preserva-o por conformismo. Faz-se, então, inadiável a decisão para ser feliz, revertendo o ocorrido.

A reencarnação conduziu-te a um lar que consideras inadequado para o teu progresso, e que te faz sofrer. Talvez tu mesmo o hajas elegido para adaptar-se desde cedo ao processo reparador.

Cada um se vincula aos seres de que necessita para a evolução. Permanecer, porém, ergastulado a esses eventos afligentes é atitude acomodatícia com o negativo e pertur-bador, quando se dispõe de valiosos meios para a libertação.

Problemas existem para ser solucionados.

Dificuldades são testes para desafiar os valores latentes do conhecimento, da capacidade de luta de cada um.

Se preferes a autopiedade, ninguém te poderá ajudar.

O ressentimento, o medo, a queixa, a reclamação do passado mais te farão dependente do acontecido, no qual inconscientemente te apoias a fim de não lutares pela res-tauração da paz e o logro da alegria.

Não podes nem deves incorporar à existência os vaticí-nios danosos que te fizeram, as expressões chulas que te diri-giram, as frases deprimentes que te endereçaram, as agressões verbais, morais e físicas de que foste vítima. Isso já passou e não tens como fazer para que não houvesse sucedido. Des-viar-lhes, porém, os efeitos daninhos, sim, cabe-te realizá-lo.

Sabes que não és o de que te acusaram. Mas, se por infortúnio da tua fragilidade psicológica, incorporaste à personalidade as investidas aleivosas e te crês conforme te definiram, rompe as algemas e ensaia a tua libertação.

✳

És uma ganga bruta por lapidar. Se, exteriormente, a ganga é impura, tens no íntimo o brilho das estrelas, que te cumpre liberar.

Começa agora o novo processo da tua vida.

Dá-te a oportunidade de provar a ti mesmo quanto possuis e conseguirás produzir.

Experimenta o prazer de reconstruir o teu futuro e, de pronto, começarás a ser uma pessoa ditosa.

*O Auxílio Divino invade-me durante os dias
de minha vida e me encoraja.*

*Empenho-me em abandonar a acomodação
e o desânimo, revigorando-me na prece e
trabalhando pela conquista dos recursos
superiores.*

*As sombras que me envolvem permanecem,
porque as sustento com o pensamento.*

*Serei o sol do esforço pessoal e, banhado pela
Divina Luz, restaurar-me-ei, sendo feliz.*

5
SAÚDE E BEM-ESTAR

O planejamento de qualquer projeto responde pela qualidade da futura realização. Previsões e detalhes, cálculos e referenciais, organograma e execução constituem a base do labor, do qual decorrem os êxitos ou os insucessos.

Da planificação até a concretização do empreendimento, quaisquer alterações têm que ser estudadas, a fim de serem introduzidas sem prejuízo para o conjunto ou excesso de gastos não previstos.

Na mesma linha de raciocínio, uma cuidadosa sementeira de cardos, com adubação frequente, outra colheita não resultará, senão de espinhos e acúleos.

A criatura humana torna-se o que pensa, o que sustenta mentalmente e desenvolve até a fixação.

Lamentavelmente, porém, expressiva maioria de indivíduos somente acalenta ideias negativas, lucubra pessimismo, agasalha mal-estares. Como resultado, enfraquecem-se-lhe as resistências morais, debilitam-se-lhe os valores espirituais e alimenta-se da própria insânia.

Há determinadas provações que são inevitáveis, por procederem de desmandos de outras existências. Podem, entretanto, por meio de construções mentais e humanas edificantes, ser alteradas, atenuadas e até liberadas, pois que os atos saudáveis granjeiam mérito para superar aqueles outros que são danosos.

Não te atenhas aos atavismos infelizes, revivendo-os, comentando-os, reestruturando-os nos campos mental e verbal. Eles não te abandonarão, enquanto não os deixares.

Queixas-te de insucessos, dissabores, enfermidades, desamor; no entanto, aferras-te a eles de tal forma que perdes o senso de avaliação da realidade, rotulando-te como infeliz e estacionando aí, sem qualquer esforço de renovação.

Afirma a sabedoria popular com propriedade: *Pedra que rola não cria limo*, sugerindo alteração de rota, movimento, realização.

Esforça-te por desconsiderar as ocorrências desagradáveis, perturbadoras.

Planeja o teu presente, estabelece metas para o futuro e põe-te a trabalhar sem desfalecimento, sem autocomiseração, sem amargura.

Podes e deves alterar para melhor o clima que respiras, o ambiente no qual te encontras.

Não basta pedires a Deus ajuda, porém, deves fazer a tua parte, sem o que, pouco ou nada conseguirás. Saúde ou doença, bem ou mal-estar dependem de ti.

Narra-se que um sábio caminhava com os discípulos por uma via tortuosa, quando encontraram um homem piedoso que, ajoelhado, rogava a Deus o auxiliasse a tirar do atoleiro o carro em que seguia.

Todos olharam o devoto, sensibilizaram-se e prosseguiram.

À frente, alguns quilômetros vencidos, havia outro homem que tinha, igualmente, o carro atolado num lamaçal. Este, porém, esbravejava reclamando, mas tentava com todo empenho liberar o veículo.

Comovido, o sábio propôs aos discípulos ajudá-lo.

Reunidas todas as forças, logo o transporte foi retirado e, após agradecimentos, o viajante prosseguiu feliz.

Os aprendizes surpresos indagaram ao mestre: – *O primeiro homem orava, era piedoso e não o ajudamos. Este, que era rebelde e até vociferava, recebeu nosso apoio. Por quê?*

Sem perturbar-se, o nobre professor elucidou:

– *O que orava aguardava que Deus viesse fazer a tarefa que a ele competia. O outro, embora desesperado por ignorância, empenhava-se, merecendo auxílio.*

Será, pois, ideal que sem reclamar e pensando corretamente te disponhas a retirar do paul o carro da tua existência, a fim de seguires feliz, adiante, com saúde e bem-estar.

O Amor Divino inunda-me de paz.

Sua presença conduz-me ao próximo, que passo a amar.

Descubro-me em falta para com Deus e para com o meu irmão.

Por fim, amo-me e renovo-me, pleno, regozijando-me no amor, que é a meta essencial da vida.

6

AMOR ACIMA DE TUDO

Jesus recomendou que o amor deve ser a pedra angular de todas as construções. Considerou-o como o mandamento maior e sintetizou toda a *Lei e os profetas no amor a Deus acima de todas as coisas e ao próximo como a si mesmo.*

Nessa diretriz de aspecto tríplice estão presentes todas as realizações humanas, suas ambições e metas.

O amor a Deus significa o respeito e a ação preservadora da vida em todas as suas expressões, tornando-se o ser parte integrante d'Ele, consciente do conjunto cósmico.

A responsabilidade perante a Natureza, não a agredindo nem a vilipendiando, antes contribuindo para o seu desenvolvimento e harmonia, expressa o amor que contribui para a Obra Divina, homenageando-lhe o Autor.

O *amor ao próximo* é consequência daquele que se dedica ao Genitor, demonstrando a fraternidade que deve unir todos, por Lhe serem filhos diletos que marcham de retorno ao Seu seio.

Sem esse sentimento para com o seu irmão, eis que se desnorteia na solidão e enfraquece-se, descoroçoando-se nas atividades iluminativas.

O *amor a si mesmo* sem a paixão ególatra eleva-o à culminância da plenitude, auxiliando-o no desenvolvimento dos ignorados tesouros que lhe jazem adormecidos.

Esse amor se manifesta como forma de preservar e dignificar a existência física, harmonizando-se com o conjunto geral, tornando-se um polo de irradiação de alegria, paz e bem-estar que a todos impregna.

Observa se te encontras na condição de cumpridor da recomendação do Mestre. Nessa síntese perfeita, defrontas todas as necessidades para a tua atual existência e a solução para todos os teus problemas.

Avalia com serenidade a tua conduta em relação a Deus, ao próximo e a ti mesmo.

Caso te encontres em falta com algum dos postulados da tríade superior, propõe-te corrigir a deficiência, alterar a conduta para a plenificação.

Certamente descobrirás a necessidade de amar o Pai Celeste e o próximo conforme as tuas possibilidades. No entanto, tens restrições ou paixões com referência a ti mesmo.

Em uns períodos detestas-te, enquanto noutros justificas-te, confessando-te vítima dos outros.

Necessário que te ames com retidão.

Dedica-te à meditação salutar em torno das tuas deficiências, para corrigi-las, e dos teus valores, para ampliá-los. Usa de severidade sem crueza e de amor sem pieguismo, para te colocares em rota de equilíbrio, de crescimento.

Amar-se é maneira de aprimorar-se em espírito, em emoção e em corpo. Sem nenhum desprezo por qualquer componente do conjunto harmônico que és, ama-te, lutando com tenacidade para te superares cada dia mais, estabelecendo novas diretrizes e alvos promissores que lograrás, sendo generoso, ativo e perseverante no bem, em relação a ti mesmo.

*O Poder Divino enriquece-me do necessário
a uma existência feliz.*

*O que me falta certamente não é importante,
não me faz falta.*

*Diante das pessoas encarceradas na insatisfação,
que possuem coisas inúteis, embora disputadas,
eu disponho dos recursos do discernimento para
a conquista da saúde e da paz.*

*A posse real nunca me será tomada. Essa eu
deverei lograr.*

7
POSSES

O verdadeiro possuidor é sempre o melhor doador. O que se tem, deve-se. Quando se oferece, possui-se. Na contabilidade da vida, a verdadeira posse apresenta-se como o Bem que se esparze e proporciona alegria, em vez de significar o recurso que se armazena, permanecendo inútil.

A verdadeira doação enriquece aquele que a faz, certamente beneficiando quem a recebe.

Convencionalmente, a pessoa que economiza e guarda valores amoedados torna-se rica. Quase sempre, porém, amesquinha-se, apaixonando-se pelos haveres de que se faz prisioneira.

Há, em consequência, sistemas que se encarregam de amealhar e ensinar a poupar, gerando as cirandas de investimentos que permitem auferir lucros e vantagens.

Os que assim se tornam *ricos*, vivem em constante ansiedade em relação às oscilações do câmbio, das bolsas, dos títulos, pobres de sentimentos elevados, vítimas da ganância financeira.

A riqueza, em si mesma, não é boa nem é má, dependendo de quem a usa e de como é utilizada.

Com facilidade gera o apego e o medo de perdê-la; empobrece outros indivíduos, enquanto dorme nos cofres da usura, permitindo que a miséria se generalize.

Aprende a repartir, a fim de melhor compartires.

O que tens passa, deixas de possuir; mas, o que és, permanece, não se consome.

Reflete em torno da transitoriedade da existência física e compreenderás que é urgente aproveitá-la com propriedade.

A sucessão inexaurível do tempo demonstra a fragilidade das coisas diante dele e a sua inexorabilidade, no que diz respeito à consumpção de tudo quanto é terreno.

Somente as conquistas intelecto-morais têm sabor de eternidade.

Desse modo, enriquece-te das aquisições espirituais, que te alargarão os horizontes do entendimento, da vida, melhor apresentando-te o significado e o objetivo da existência carnal.

Portador de uma visão correta a respeito de como deves proceder, irás libertando-te de incontáveis fatores degenerativos que se te fixaram à personalidade e são responsáveis por problemas, doenças, insatisfações que te afligem.

Não mais disputarás vaidades, nem te afetarão agressões, que são de nenhuma importância. Tuas aspirações serão mais elevadas.

Não te sentirás maior ou menor de acordo com o jogo das enganosas referências, das inúteis competições do palco terrestre. Tuas conquistas não serão mensuradas por aplausos ou apupos.

Viverás tranquilo e disporás de tudo quanto é necessário, sem o tormento dispensável do supérfluo.

A vida te dá tudo, bastando o esforço para consegui-lo. Também o toma, sem que ninguém possa reter os bens que lhe não pertencem.

Saúde, paz, alegria, trabalho e autorrealização sejam-te as raras moedas de que necessitas para a jornada humana, que te abrirão as portas do futuro no rumo da imortalidade – a tua meta final e única.

O Estímulo Divino emula-me ao avanço.

As leis de incessantes mudanças funcionam em toda parte, ensinando-me renovação e progresso.

Sou acionado por uma Energia superior que me propele para as cumeadas da vida.

O vale é sombra, e a montanha conquistada é luz.

Satisfeito, saudável e pleno, sou estimulado a vencer e a crescer.

8
INSATISFAÇÃO E UTOPIAS

A insatisfação responde pela presença de muitos males e sofrimentos no organismo social, gerando desequilíbrios que poderiam perfeitamente ser evitados. Utilizando-se de mecanismos de evasão, a criatura evita assumir a própria realidade, elaborando modelos de fictícia felicidade, para os quais transfere as aspirações, produzindo os estados de inconformismo, de desgosto, a que se aferra, perdendo as excelentes ocasiões de conhecer-se e plenificar-se.

Tais padrões passam então a ser-lhe metas, sempre improváveis de concretizar-se, e mesmo quando consegue alcançar os patamares próximos, porque os seus são objetivos fantasiosos, mantém-se no mesmo estado de morbidez, de desajuste.

Pequenas características tornam-se-lhe fundamentais, e detalhes que o diferenciam do que considera belo, saudável, estético e feliz adquirem alta importância, assim mantendo o condicionamento de desditoso.

De caráter rebelde e conduta perturbadora, despreza os recursos preciosos de que dispõe, anelando somente pelo que gostaria de ser, de ter, de parecer.

Aguarda, nesse clima de inconformação, um milagre que jamais lhe ocorrerá de fora para dentro, sem realizar o notável esforço de transformação de conceito, bem como a mudança de atitude de dentro para fora.

Aprofunda-te no autoconhecimento, redescobrindo-te. És conforme te elaboraste na sucessão do tempo.

As tuas matrizes encontram-se no passado espiritual que não mais alcançarás. Entretanto, mediante novos comportamentos alterarás o ritmo e as ocorrências da vida.

Examina-te e tem a coragem de enfrentar como te encontras, elaborando paradigmas e propostas reais que conseguirás alcançar.

A fuga de ti mesmo não leva a lugar algum, porquanto jamais te dissociarás da tua realidade.

Inicia um programa de autovalorização analisando os fatos, conforme mereçam, ou não, consideração.

A nada, a ninguém culpes pelo que consideras insucessos.

A pessoa irresponsável, quando não se esforça para alterar o que pode ser modificado, transfere a responsabilidade para as circunstâncias que acredita más, para as pessoas, ou culpa-se a si mesma, preferindo a queixa e a comiseração ao esforço profícuo. O tempo, o lugar, a sociedade, o governo, a inveja alheia, a competição malsã, a má sorte ou a fraqueza são os *ingredientes* para justificar a acomodação, o falso sofrimento de que se diz objeto.

Ruma na direção das estrelas.

Impõe novos conceitos à vida e trabalha por vivenciá-los de forma edificante.

Quem tem piedade de si mesmo, nega-se a receber ajuda do seu próximo.

O insatisfeito, além de ingrato, é rebelde e preguiçoso, que prefere as *sombras* da reclamação e do atraso, às *claridades* do progresso libertador.

Não te permitas utopias existenciais, partindo para a conquista de realizações legítimas.

A Consciência Divina irriga-me com a paz.

Os meus equívocos são elucidados e acalmo--me, considerando as imensas possibilidades de equilíbrio que estão ao meu alcance.

Diante de mim, o presente, elaborando o futuro. O passado são as lições aprendidas e as vantagens do conhecimento servindo-me de suporte para o crescimento interior.

Confio e renovo-me, tranquilizando-me no Bem.

9
PERANTE A CONSCIÊNCIA

Entre os flagelos íntimos que vergastam o ser humano, produzindo inomináveis aflições, a consciência de culpa ganha destaque.

Insidiosamente se instala e, qual ácido destruidor, corrói as engrenagens da emoção, facultando a irrupção de conflitos que enlouquecem.

Decorrente da insegurança psicológica no julgamento das próprias ações, abre um abismo entre o que se faz e o que se não deveria haver feito, supliciando, com crueza, aquele que lhe sofre a pertinaz perseguição.

Considerando a própria fragilidade, o indivíduo se permite comportamentos incorretos que lhe agradam às sensações para, logo cessadas, entregar-se ao arrependimento autopunitivo, com o qual pretende corrigir a insensatez. De imediato, assoma-lhe a consciência de culpa, que o perturba.

Perversamente, ela pune o infrator perante si mesmo, porém não altera o rumo da ação desencadeada, nem corrige aquele a quem fere. Ao contrário, não obstante cobradora inclemente, desenvolve mecanismos inconscientes de novos anseios, repetidas práticas e sempre mais rigorosa punição...

Atavismo de comportamentos religiosos, morais e sociais hipócritas, que não hesitavam em fazer um tipo de recomendação com diferente ação, deve ser eliminada com rigor e imediatamente.

O que fizeste não mais podes impedir ou evitar.

Disparado o dardo, ele segue o rumo.

Avaliza, desse modo, seus efeitos e repara-os, quando negativos.

Se a tua foi uma ação reprochável, corrige-a, logo possas, mediante novas atividades reparadoras.

Se resultou em conflito pessoal a tua atitude, que não corresponde ao que crês, como és, treina o equilíbrio e põe-te em vigília.

Fraco é todo aquele que assim se considera, não desenvolvendo o esforço para fortalecer-se.

Quando *justificas* o teu erro com autoflagelação reparadora, logo mais retornarás a ele.

Propõe-te encarar a existência conforme é e as circunstâncias se te apresentam.

Erradica da mente as ideias que consideras impróprias, prejudiciais, conflitivas. Substitui-as vigorosamente por outras saudáveis, equilibradas, dignificantes. Quando não dispões de um acervo de pensamentos superiores para a reflexão, vais colhido pelos de caráter venal, pueris, perniciosos, que se te fazem familiares, impulsionando-te à ação correspondente.

Toda realização inicia-se na mente. Desenhada no plano mental, vem materializar-se ao primeiro ensejo.

Pensa, portanto, com correção, liberando-te das ideias malsãs que te gerarão consciência de culpa.

Sempre que errares, recomeça com o entusiasmo inicial. A dignidade, a harmonia, o equilíbrio entre a consciência e a conduta têm um preço: a perseverança no dever. Se, todavia, tiveres dificuldade em agir corretamente, em razão da atitude viciosa encontrar-se arraigada em ti, recorre à oração com sinceridade, e a Consciência Divina te erguerá à paz.

A Verdade Divina penetra-me e transforma-me.

Ao deixar-me impregnar, renovo-me, e todas as acusações que me fazem os frívolos e maus não me atingem, não me perturbam.

Permito-me seguir a trilha da libertação com entusiasmo e paz.

A Verdade Divina inunda-me a consciência. Penso e ajo com correção.

10

A VERDADE LIBERTADORA

O mundo está repleto de *verdades*. Conceitos frágeis, filosofias esdrúxulas, ideias estapafúrdias, pensamentos sem estrutura de lógica, apresentando-se como verdades, são acolhidos com esmero.

Ao lado desses e outros mais, estranhos, incoerentes, pululam as *verdades* de cada um em aguerridas lutas de facções, de classes, de correntes que desejam dominar.

A verdade, porém, paira sobranceira, imperturbável, acima das paixões dissolventes, aguardando brindar-se àqueles que aspiram às concepções elevadas e entregam-se à estesia, ao conhecimento, à razão, ao mergulho no seu conteúdo iluminativo.

Tudo quanto aflige, apaixona, agrilhoa; da verdade nem sequer possui a aparência, porquanto essas expressões somente ferreteiam o ser, levando-o a paroxismos e alucinações.

A verdade liberta, acalma e dulcifica.

A união do ser com os seus conteúdos dá-se em regime de entrega e paz. Opera-se com lentidão, segurança e reflexão, produzindo a transformação interior daquele que se lhe facultou conquistar.

O que resolvas, sem aprofundamento de análise, considerar como verdade, em tal se converte.

Acreditando que é legítimo, torna-se-te real.

Necessitas, no entanto, submeter as tuas crenças ao crivo da razão, verificando quanto resistem ao escalpelo da lógica, do bom senso.

Por isso, as críticas e admoestações que te fazem não te devem perturbar, levando-te a desequilíbrios.

Antes de mais nada, elabora o teu programa de ação, dispõe-te a executá-lo e, escudando-te no ideal que esposas, segue em frente.

Não debatas com os *donos da verdade* do mundo os teus planos e aspirações, especialmente aqueles que são da tua órbita de conduta íntima, porquanto eles não estão dispostos a compreender-te, menos ainda, a ajudar-te.

A maioria deles é constituída por combatentes apaixonados das suas *verdades* transitórias, que não cedem, porque ainda não estão convencidos delas. Por isso, tornam-se críticos severos, vigias agressivos, lutadores contundentes contra os outros.

Não lhes dês atenção. Sem considerar-lhes as opiniões contra ti, as referências aleivosas e os comentários ácidos, eis que perdem o sentido, não te alcançando jamais.

Valorizando-os, tornam-se *verdades* que te incomodam e perturbam a marcha, embora tenhas um destino a objetivar.

A verdade dá equilíbrio, estimula a ordem e o respeito às ideias dos demais.

Desincumbe-te dos compromissos, sem preocupação com aquilo que os outros pensam sobre ti, tuas ações, tua vida. És livre para agir, assim como te tornarás escravo do que faças, colhendo conforme semeies. O mais não tem importância, exceto se preferes valorizá-lo.

A verdade felicita sempre. Assim, deixa-te penetrar pela sua força dominadora e segue tranquilo, amparado por ela.

*O Perdão Divino dulcifica-me, acalma-
-me. Dá-me dimensão do poder terapêutico
do Amor. Passo a ver o mundo e as pessoas de
maneira diferente, correta, positivamente.*

Supero os ressentimentos que me martirizavam.

*Começo a mover-me sem as algemas que me
prendiam ao passado.*

*Recupero a alegria de viver e ser natural,
amando todos com ternura, mesmo aqueles
que me não correspondem ao sentimento de
afetividade.*

*Tudo agora está bem comigo, porque eu estou
de bem com a vida.*

11

A TRAGÉDIA DO RESSENTIMENTO

As pressões psicossociais, socioemocionais, econômicas e de outras origens desencadeiam distúrbios variados, nos quais mergulha uma larga faixa da sociedade. Provocando medo, ansiedade, amargura, desarmonizam o sistema nervoso dos seres humanos, conduzindo a neuroses profundas que, quase sempre somatizadas, são responsáveis por enfermidades alérgicas, digestivas, do metabolismo em geral, facultando a instalação de processos degenerativos.

Os temperamentos frágeis, sob pressão, procuram realizar mecanismos de fuga, caindo em estados fóbicos e depressivos ou recorrendo à violência como forma de afirmação e defesa da personalidade.

Muitos resíduos psicológicos se lhes instalam no campo emocional e mental, dando lugar a perturbações de comportamento e a doenças diversas, que permanecem sem diagnose adequada.

Pessoas mais sensíveis, que não conseguem suportar e superar esses fenômenos das pressões constritoras, refugiam-se em ressentimentos que as infelicitam e predispõem-nas a reagir sempre, desferindo dardos venenosos contra aqueles que se lhes transformam em inimigos reais ou imaginários.

Algumas se intoxicam de mágoas e fenecem. Outras, inconscientemente, tornam-se vítimas de insucessos afetivos, financeiros e sociais. Diversas fracassam na autoestima, desvalorizando-se e fazendo o jogo da autodestruição.

O ressentimento é responsável por muitas das tragédias do cotidiano.

O ressentimento é tóxico que mata aquele que o carrega. Enquanto vibra na emoção, destrambelha os equipamentos nervosos mais sutis e produz disritmia, oscilação de pressão, disfunções cardíacas.

Não vale a pena deixar-se envenenar pelo ressentimento.

Nem sempre ele se manifesta com expressões definidas, camuflando-se nas fixações mentais e, às vezes, passando despercebido.

Há pessoas ressentidas que se não dão conta.

Um autoexame enérgico auxiliar-te-á a identificá-lo nos refolhos da alma. Logo depois, prosseguindo na sua busca e análise, descobrirás as suas raízes, quando teve ele início e por que se te instalou no ser, passando a perturbar-te.

Verificarás, surpreso, que és responsável por lhe dares guarida e o vitalizares, deixando-te por ele consumir.

Os indivíduos que te foram cruéis – familiares, conhecidos, mestres –, na infância e durante a vida, não tinham nem têm dimensão do que fizeram ou estão a fazer. Nem sequer se aperceberam dos seus desmandos e incoerências em relação a ti. Por seu turno, sofreram as mesmas agressões, quando crianças, e apenas reagem conforme haviam feito outros em relação a eles.

O teu primeiro passo será compreendê-los, considerando-os sem responsabilidade nem esclarecimento, sem má intenção em relação a ti. Mediante tal recurso os compreenderás e os perdoarás posteriormente, liberando-te.

Arrancada a causa injusta do ressentimento, despertarás de imediato em paisagem sem sombras, redescobrindo a vida e desarmando-te em relação às outras pessoas com quem antipatizavas ou das quais te mantinhas em guarda.

Ademais, o mal que te façam somente te perturbará se o permitires, acolhendo-o. Em caso contrário, tornará à sua origem.

Vive, pois, sem mágoas.

Depura-te. Ressentimento, nunca.

*O Psiquismo Divino abre-me os penetrais
do infinito e deslumbro-me.*

*Saio da limitação, na qual me asfixio e
estertoro, para a grandiosidade da vida, na
qual me expando.*

*Mergulho no mundo interior e vejo, ouço,
percebo a realidade sem barreiras, sem névoa,
da qual procedo e para a qual retornarei.*

Identifico-me com meu Pai, liberto-me.

12
Percepção extrafísica

Há uma imperiosa necessidade de vida interior, a fim de lograr-se identificação com a realidade.

O mundo dos sentidos físicos, em face do seu significado e das suas finalidades de pôr o ser em contato com as manifestações exteriores, afasta-o das percepções profundas, ao mesmo tempo sutis, da vida plena.

Fixando-o no campo das manifestações objetivas, bloqueia-lhe a capacidade de ampliar os registros paranormais, que lhe abrem as *portas* para captar o infinito campo das causalidades.

Mergulhado no oceano das vibrações, da energia, da mente, envolto por ondas e pensamentos incessantes, deve dilatar a capacidade psíquica para inundar-se dos conteúdos extrafísicos que o afetam, mesmo quando lhe são ignorados.

Possuidor de antenas transceptoras, é instrumento inconsciente de forças complexas que o propelem a atitudes surpreendentes e que poderia modificar, facultando-se agir em consonância com o que lhe apraz, ao invés de ser-lhes instrumento dócil e sem vontade própria.

Nessa imensa gama de ocorrências parafísicas, destacam-se as faixas da telepatia, da intuição, da clarividência e da clariaudiência, da inspiração, da precognição, da retrocognição, de indiscutíveis bênçãos, ao alcance de todo aquele que se lhe adentre as áreas com elevação e consciência.

És instrumento de intercâmbio psíquico permanente, mesmo sem que te dês conta.

Emites e captas vibrações, ideias, energias mentais, sem cessar. Conforme direciones o pensamento, sintonizarás com outros da mesma qualidade, produzindo afinidade.

Vives no mundo vibratório que eleges pelas tuas preferências psíquicas e emocionais, atraindo como repelindo ondas correspondentes. De acordo com o padrão cultivado, és envolvido por idênticas respostas psíquicas.

Nessa faixa colossal da realidade encontram-se os Espíritos desencarnados, tendo-se em vista a indestrutibilidade do ser, e com eles convives, embora nem sempre os percebas.

Educando-te interiormente, captar-lhes-ás os pensamentos, mantendo comunicação produtiva, que te capacitará, desde agora, para o futuro, quando te despojares do invólucro material.

Sem que o saibas, eles interferem na tua existência: ora ajudando-te, quando são bons, ora perturbando-te, quando maus.

Por serem as almas dos homens que viveram na Terra, preservam os seus valores, às vezes sofrendo e fazendo sofrer demoradamente, por ignorância ou perversidade, acomodação ou inveja.

Fazendo silêncio interior, moralizando-te, sintonizarás com os Espíritos Nobres que te guiam e desejam partilhar contigo a sabedoria e o amor que possuem, facilitando-te a marcha ascensional.

Penetrarás, assim, em regiões de luz imperecível, experimentando emoções transcendentes que te farão feliz.

Desenvolvendo a percepção parafísica, deixarás de ser limitado prisioneiro, para estares planando em esferas de vida estuante, consciente dos recursos que Deus confere para a tua plenificação de criatura eterna.

A Fonte Divina de energia é alcançada por meio da oração.

Penetro-lhe o fulcro, enquanto oro, e revigoro-me com as forças que me invadem.

A energia superior restaura-me o equilíbrio, e o campo vital recompõe-se, sustentando-me o ser.

Oro e elevo-me a Deus, assim pairando, embora por momentos, acima das misérias humanas.

13
RECURSO DA ORAÇÃO

A oração é o recurso mirífico mais acessível para permitir à criatura a comunicação com o Criador.

Ponte invisível de energias sutis, faculta a união da alma com o Genitor Divino, por cujo meio ela haure as forças e a inspiração para os cometimentos difíceis da existência.

Não altera o campo de lutas, nem impede os testemunhos que favoreçam a evolução. Entretanto, brinda resistências para os embates, encorajando e vitalizando sempre.

Amplia a visão da realidade, ao tempo em que robustece o entusiasmo de quem se lhe entrega.

Modifica a compreensão e o modo de encarar-se os acontecimentos, produzindo sintonia com o Divino Pensamento, que tudo governa.

Quem ora, supera tensões e penetra-se de paz.

A oração cria as condições e as circunstâncias para a meditação, que projeta o psiquismo nas esferas elevadas, assim equilibrando a saúde e as aspirações, por melhor orientar o sentido da existência e a programática da reencarnação.

Ela prepara o santo, sustenta o herói, inspira o pesquisador, mantém a vida, enquanto projeta luz nas paisagens em sombra ou enevoadas, que se apresentam ameaçadoras.

Por mais te sintas pleno, não percas o hábito da oração, a fim de te manteres equilibrado.

Atravessando dificuldades ou enfrentando provas rudes e severas expiações, recorre-lhe ao concurso, e constatarás os benefícios que te advirão.

Para manter o ritmo de trabalho e conservar o ideal, ela é o meio mais eficaz, de ação duradoura, de que podes dispor com facilidade. Não somente te preservará as forças morais e espirituais, como atrairá a presença dos Bons Espíritos, que se fazem instrumentos de Deus para a solução de muitos problemas humanos.

Dá prosseguimento à oração, utilizando-te da ação digna, que te manterá psiquicamente no mesmo elevado clima.

Quem ora, renova-se e ilumina-se, pois acende claridades íntimas que se exteriorizam mediante vibrações especiais.

Quando consigas experimentar o bem-estar e a alegria que se derivam da oração, busca-la-ás com frequência, tornando-se-te linguagem de comunicação com a Vida estuante.

Envolto nas suas irradiações, diluirás todo mal que se te acerque, beneficiando os maus que de ti se aproximem.

De tal maneira te sentirás, que passarás a orar constantemente, tornando tua existência um estado de prece.

Recorre à oração em todos os momentos da vida. Na saúde e na doença, na alegria e na tristeza, na riqueza e sem recursos, no êxito e no fracasso, ora confiante na resposta Divina.

Orando, elevar-te-ás, e na energia da prece receberás tudo quanto se tornará necessário para prosseguires lutando e lograres a vitória.

A criatura busca Deus pela oração, e Ele responde-lhe mediante a intuição do que fazer, de como fazer e para que, fazendo, seja feliz.

A Luz Divina envolve-me e rompe as trevas exteriores que teimavam sitiar-me na amargura.

Deixo-me clarear, e todas as dificuldades se desfazem, ensejando-me ver melhor o programa da existência.

O pessimismo desaparece, e a irritação se acaba.

Estou destinado ao êxito, que buscarei com a mente enriquecida de entusiasmo.

Banho-me de luz externa e sou luz interior.

14
DIAS DE SOMBRAS

Coincidentemente, há dias que se caracterizam pela sucessão de ocorrências desagradáveis. Nada parece dar certo. Todas as atividades se confundem e os fatos apresentam-se perturbadores. A cada nova tentativa de ação, outros insucessos ocorrem, como se os fenômenos naturais transcorressem de forma contrária.

Nessas ocasiões, as contrariedades aumentam, e o pessimismo se instala nas mentes e na emoção, levando-as a lembranças negativas com presságios deprimentes.

Quem lhes padece a injunção tende ao desânimo e refugia-se em padrões psicológicos de autoaflição, de infelicidade, de desprezo por si mesmo.

Sente-se sitiado por forças descomunais, contra as quais não pode lutar, deixando-se arrastar pelas correntes contrárias, envenenando-se com o mau humor.

São esses, dias de provas, e não para desencanto; de desafio, e não para a cessação do esforço.

Quando recrudescem as dificuldades, maior deve ser o investimento de energias, e mais cuidadosa a aplicação do valor moral na batalha.

Desistindo-se sem lutar, mais rápido se dá o fracasso, e quando se vai ao enfrentamento com ideias de perda, parte do labor já está perdido.

Nesses dias sombrios, que acontecem periodicamente e, às vezes, tornam-se contínuos, vigia mais e reflexiona com cuidado.

Um insucesso é normal, ou mesmo mais de um, num campo de variadas atividades. Todavia, a intérmina sucessão deles pode ter gênese em fatores espirituais perniciosos, cujas personagens se interessam em prejudicar-te, abrindo espaços mentais e emocionais para intercâmbio nefasto contigo, de caráter obsessivo.

Quanto mais te irritares e te entregares à depressão, mais forte se te fará o cerco e mais ocorrências infelizes tomarão forma.

Não te debatas até a exaustão, nadando contra a correnteza. Vence-lhe o fluxo, contornando a direção das águas velozes.

Há mentes espirituais maldosas que te acompanham interessadas no teu fracasso.

Reage-lhes à insídia mediante a oração, o pensamento otimista, a irrestrita confiança em Deus.

Rompe o *moto contínuo* dos desacertos, mudando de paisagem mental, de forma que não vitalizes o agente perturbador.

Ouve uma música enriquecedora, que te leve a reminiscências agradáveis ou a planificações animadoras.

Lê uma página edificante do Evangelho ou de outra obra de conteúdo nobre, a fim de te renovares emocionalmente.

Afasta-te do bulício e repousa; contempla uma região que te arranque do estado desanimador.

Pensa no teu futuro ditoso, que te aguarda.

Eleva-te a Deus com unção e romperás as cadeias da aflição.

Há sempre Sol brilhando além das nuvens sombrias, e quando ele é colocado no mundo íntimo, nenhuma ameaça de trevas consegue apagar-lhe, ou sequer diminuir-lhe a intensidade da luz. Segue-lhe a claridade e vence o teu dia de insucessos, confiante e tranquilo.

A Energia Divina dá origem à vida em toda parte e domina-me.

Indefinível, o ato de viver e pensar, sentir e amar alcança o clímax no ser humano.

Essa energia poderosa em mim induz-me à captação de novos recursos para o crescimento e a autorrealização.

Escolho a opção da felicidade. Não cederei ao marasmo, às injunções perturbantes a que me acostumei. Sou vida em desdobramento.

Reergo-me e adquiro novos padrões de pensamento, de ação, para tornar-me pleno.

15
VIDA RENOVADA

A dádiva mais extraordinária que existe é a vida. Manifesta-se de formas variadas, obedecendo a ciclos rítmicos, com objetivos estabelecidos.

Não há como evitá-la, nem sequer procrastiná-la no seu cadenciado fatalismo, no rumo da perfeição.

A vida renova-se sem cessar e esse fenômeno faz parte do seu processamento. O que se não renova *morre*, transforma-se, perturba o mecanismo existencial.

Especialmente, a vida humana é um dom supremo, que deve ser preservada e utilizada com eficiência, dilatando-a ao máximo, a fim de se recolherem os benefícios que faculta.

Emanação Divina, a vida é a presença do psiquismo superior manifestando-se em toda parte.

Aspirar e inundar-se dessa energia vital é ato de inteligência, aplicado à preservação de conquistas e ampliação delas.

Nesse incessante fluxo de energia, eclodem as possibilidades inatas no ser, e ele se apercebe da glória e da alegria de viver.

✳

Para que a vida estue em abundância em ti, faze uma cuidadosa avaliação de como te sentes, como estás e que tens conseguido.

Tem coragem para proceder a uma autoanálise consciente, responsável, enriquecedora, de forma que ao constatares os resultados negativos te disponhas ao enfrentamento revolucionário da mudança de crenças, pensamentos, hábitos, comportamentos, de tudo quanto constitua obstáculo ao teu desenvolvimento, à valorização da vida e suas realizações.

Velhos hábitos arraigados, pensamentos viciosos, vontade enfraquecida, atavismos perniciosos, ressentimentos conservados conspirarão contra o teu programa de renovação.

Constatarás a necessidade de mudanças, porém, todas as fixações da tua existência se sublevarão, impondo-te restrições, adiamentos, desestímulos...

Entre os muitos fatores negativos que tentarão manter-te na postura de sofrimento ou de paralisia, há o medo do que dirão os *outros*, de como te verão os *demais*, do que te sucederá... Outros mecanismos perturbadores emergirão do inconsciente, pretendendo conservar-te no patamar em que estagias.

Acreditar-te-ás cansado, idoso, jovem, desequipado de vontade, sem força moral, incapaz de enfrentar situações novas, e cederás à tentação de permanecer como te encontras: com problemas, angústias, insatisfação, insucessos...

Começa, assim mesmo, o teu programa renovando as tuas velhas crenças, aquelas que te foram impostas por pessoas incapacitadas para educar-te, embora generosas, com suas opiniões depreciativas, seus conceitos servis, suas previsões funestas.

És capaz de superar o pessimismo e a falta de autoestima que te foram impingidos e aceitaste sem relutância. Este é o teu momento e não mais tarde, ou nunca mais.

Muda os teus pensamentos e raciocínios, direcionando-os para o êxito, em que deves acreditar e, empenhando-te, conseguirás.

Logo depois, passa à ação renovadora.

Os velhos hábitos criam fortes resistências e lutarão contra as tuas disposições de mudança.

Trata-se de um novo programa, que vivenciarás passo a passo, firmando-se, a pouco e pouco, até o momento dos bons resultados.

Não desistas, nunca, de te renovares para melhor, porquanto a vida não retorna às mesmas condições, circunstâncias e tempo, embora nunca cesse de manifestar-se e oferecer ensejos.

A Serenidade Divina invade-me após o cumprimento dos deveres.

Compreendo a minha responsabilidade no conjunto da vida em que me encontro e desligo-me dos conflitos.

Lúcido, avanço, passo a passo, na conquista da consciência e harmonizo-me, integrando-me no conjunto da Obra de Deus.

Sereno e confiante, nada de mal me atinge.

16

EM SERENIDADE

A serenidade é pedra angular das edificações morais e espirituais da criatura humana, sem a qual muito difíceis tornam-se as realizações. Resulta de uma conduta correta e uma consciência equânime, que proporcionam a visão real dos acontecimentos, bem como facultam a identificação dos objetivos da vida, que merecem os valiosos investimentos da existência corporal.

Na atormentada busca do prazer, desperdiça-se o tesouro da cultura, que se converte em serva das paixões inferiores, perturbadoras, de consequências negativas. Quanto mais se frui do gozo, mais necessidade surge de experimentá-lo, renovando sensações que se disfarçam de emoções.

A serenidade é o estado de anuência entre o dever e o direito, que se harmonizam a benefício do indivíduo.

Quando se adquire a consciência asserenada, enfrenta-se toda e qualquer situação com equilíbrio, nunca se permitindo desestruturar. As ocorrências, as pessoas e os fenômenos existenciais são considerados nos seus verdadeiros níveis de importância, não se tornando motivo de aflição, por piores se apresentem.

A pessoa serena é feliz, porque superou os apegos e os desapegos, a ilusão e os desejos, mantendo-se em harmonia em qualquer situação. Equilibrada, não se faz vítima de extremos, elegendo o *caminho do meio* com decisão firme, inquebrantável.

A serenidade não é quietação exterior, indiferença, mas plenitude da ação destituída de ansiedade ou de receio, de pressa ou de insegurança.

Jesus, no fragor de todas as batalhas, na eloquente epopeia das bem-aventuranças ou sendo crucificado, manteve a serenidade, embora de maneiras diferentes, impertérrito e seguro de si mesmo, com irrestrita confiança em Deus.

Buda, meditando em Varanasi, onde apresentou suas *Quatro Nobres Verdades,* ou açodado por terríveis perseguições que lhe moveram os brâmanes, seus inimigos apaixonados, permaneceu em serenidade, totalmente entregue à paz.

Jan Hus, pregando a desnecessidade de intermediários entre Deus e os homens, ou ardendo nas chamas implacáveis da fogueira a que foi condenado, manteve-se fiel, sereno, sabendo que ninguém o poderia aniquilar.

Os mártires conheceram a serenidade que o ideal lhes deu, em todas as áreas nas quais pugnaram e, por isso mesmo, não foram atingidos pela impiedade, nem pela perseguição dos maus.

A serenidade provém, igualmente, da certeza, da confiança no que se sabe e se faz, e se é. Âncora de segurança, finca-se no solo e sustenta a barca da existência, dando-lhe tempo para preparar-se e seguir adiante.

✳

Age sempre conforme a consciência lúcida, a fim de não caíres em conflito, perdendo a serenidade.

Estuda-te e ama-te, elegendo o melhor, o duradouro para os teus dias, e nunca recuarás. No entanto, se errares, se te comprometeres, se te arrependeres, antes que te perturbe a culpa, recompõe-te, refaze o equívoco, recupera-te e reconquista a serenidade. Sem ela, experimentarás sofrimentos que poderias evitar, e te impedem o avanço.

Serenidade é vida.

A Realidade Divina desperta-me para que me conheça, assim descobrindo-me e identificando-me.

A minha busca já não se veste de ilusão, mas, sim, de certeza do próximo encontro com a realidade.

Sou o que sou, caminhando para um ser ideal.

Aceito e aprimoro-me, a ninguém nada exigindo, a todos amando e, a mim, deixando-me dominar pela Realidade.

17
ENCONTRO COM A REALIDADE

O *ego* iludido busca sobreviver, utilizando-se de inúmeros mecanismos de fuga da realidade, e expressa-se usando variadas máscaras, a fim de não se deixar identificar.

No inter-relacionamento pessoal apresenta-se disfarçado, ora exigente em relação aos outros, ora excessivamente severo para consigo mesmo, projetando os seus conflitos ou introjetando as suas aspirações não realizadas. Subconscientemente possui conceitos incorretos sobre si mesmo, não se dispondo à coragem de enfrentar a realidade, superando-a quando negativa, ou aprimorando-a, se favorável.

Fixando-se na ilusão dos conflitos, cuida de apresentar-se de forma conciliadora – a atitude subconsciente com o que gostaria realmente de ser e a aparência conveniente –, expressando-se como pessoa feliz, realizada.

Em razão do desgaste dos valores éticos na sociedade, o medo de desvelar-se a outrem gera reações e subterfúgios, nos quais procura compensações psicológicas, que não são plenificadoras. Porque os seus *alicerces* são frágeis, logo ruem as *construções* de bem-estar que aparenta possuir, tombando-se em angústias reprimidas e agressões, por transferência emocional, para a compensação íntima.

Há uma gama expressiva de atitudes humanas que está longe de ser legítima e resulta de posturas opostas à sua realidade.

Ressalvadas algumas exceções que ocorrem nos idealistas não apaixonados nem extremistas, a maioria dos que vociferam contra, seja o que for, mascara desejos subconscientes, que reprime por falta de valor moral para expressá-los com nobreza.

O indivíduo puritano, que fiscaliza a *má conduta* alheia, projeta o estado interior que procura combater noutrem, porque não se dispõe a fazê-lo em si.

O crítico mordaz, persistente, de *olhar clínico* para os erros e misérias dos outros, é portador de insegurança pessoal, mantendo um grande desprezo por si próprio e compensando-se na agressão.

Quem se identifica normalmente com as dores e aflições, a humildade exagerada, portanto, inautêntica, exterioriza, inconscientemente, um estado paranoico, ao lado de insopitável desejo de chamar a atenção para si.

Aquele que sempre racionaliza todas as ocorrências, encontrando justificativas para os próprios insucessos e erros, teme-se, sem estrutura emocional para libertar-se dos conflitos.

Sem agressividade nem pieguismo, ou ânsia de confissões injustificáveis, desvela-te aos teus irmãos, aos teus amigos, a fim de que eles se descontraiam e se te apresentem como são.

Não pretendas ser o censor das vidas, perturbando os *jogos* das pessoas com a apresentação das tuas verdades. Se lhes tiras o suporte de sustentação, tens o que oferecer-lhes em termos de comportamento e segurança?

Vigia-te, pois, e descontrai-te, deixando-te identificar pelos valores grandiosos e pelas deficiências, assim facilitando aos que convivem contigo o mesmo ato de desvelamento e confiança.

Somente com pessoas que conhecemos, podemos sentir-nos realmente bem.

*A Vitalidade Divina se derrama sobre mim e
hauro-a em excelente disposição emocional.*

*Liberto-me das cargas tóxicas do desgaste
psicológico: mágoas, ódios, ciúmes, vinganças,
invejas, amarguras.*

*Sou de procedência saudável. A doença é acidente
de percurso que me não impede a marcha.*

*Sadio e confiante, avanço, vitalizado pelo
hálito da Fonte Geradora de Vida.*

18
A BÊNÇÃO DA SAÚDE

A saúde resulta de vários fatores que se conjugam em prol da harmonia psicofísica da criatura humana. Procedente do Espírito, a energia elabora as células e sustenta-as no ministério da vida física, assim atendendo à finalidade a que se destinam.

Irradiando-se por intermédio do perispírito, fomenta a preservação do patrimônio somático, ao qual oferece resistência contra os agentes destrutivos, em cuja agressão se engalfinha em luta sem cessar.

Quando essas forças se desorganizam, aqueles invasores microbianos vencem a batalha e instalam-se, dando origem e curso às enfermidades.

Na área dos fenômenos emocionais e psíquicos, em face da delicada engrenagem do aparelho pelo qual se expressam, a incidência da onda energética do Espírito, nesses *tecidos* sutis, responde pelo desequilíbrio, mais grave tornando-se a questão dos desconcertos e aflições alienantes.

Nesse capítulo, as estruturas profundas do ser, abaladas pelas descargas mentais perniciosas, além dos desarranjos que provocam, facultam a sintonia com outros Espíritos perturbadores e vingativos, que se homiziam nos campos psíquicos, produzindo infelizes obsessões.

A preservação da saúde exige cuidados preventivos constantes, e terapêuticos permanentes, pela excelência de que se reveste, para as conquistas a que está destinada durante a reencarnação.

Diante das inumeráveis patologias que atribulam o ser humano, a manutenção do equilíbrio psíquico e emocional é de fundamental importância para a sustentação da saúde.

Desse modo, visualiza-te sempre saudável e cultiva os pensamentos otimistas, alicerçado no amor, na ação dignificante, na esperança.

Liberta-te do entulho mental, que te pode constituir fonte de intoxicação e estímulo às vidas microbianas perturbadoras, conservando-te em paz íntima.

Se a enfermidade te visita, aproveita-lhe a presença para reflexões valiosas em torno do comportamento e da reprogramação das atividades.

Pensa na saúde e deseja-a ardentemente, sem imposição, sem pressão, mas com nobre intenção.

Planeja-te saudável e útil, antevendo-te recuperado e operoso no convívio familiar e social como instrumento valioso da comunidade.

Vincula-te à Fonte Generosa da qual promanam todas as forças e haure os recursos necessários ao reequilíbrio.

Reabastece o departamento mental com pensamentos de paz, de compaixão, de solidariedade, de perdão e de ternura, envolvendo-te, emocionalmente, com a Vida, de forma a te sentires nela integrado, consciente e feliz.

Doença, em qualquer circunstância, é prova abençoada, exceto quando, mutiladora, alienante, limitadora, constitui expiação oportuna de que as Soberanas Leis utilizam-se para promover os calcetas que, de alguma forma, somos quase todos nós.

Saudável, aproveita o ensejo para te preservares, produzindo mais e melhor.

Enfermo, agradece a Deus e amplia os horizontes mentais no amor, para te recuperares, hoje ou mais tarde, seguindo adiante em paz e confiança.

A Compreensão Divina paira sobre mim e
toma-me. Dulcifico-me e acalmo-me.

Percebo o mundo e as criaturas de forma
positiva e fraternal.

Torno-me mais criativo e saudável,
relacionando-me bem com o meu próximo.

Dilata-se-me o entendimento e vivo em paz
comigo e com os outros.

19

COMPREENSÃO

A compreensão é faculdade que melhor contribui para o êxito do relacionamento humano, por facultar à outra pessoa a vigência dos seus valores positivos e perturbadores. Ela reflete o grande desenvolvimento espiritual pelo que concede a quem lhe busca apoio, orientação, quando em conjunturas difíceis.

A compreensão abre o leque da fraternidade ensejando recursos terapêuticos necessários, conforme o caso que lhe chegue ao conhecimento. Sem anuir a todas as propostas, ou sem rejeição adrede estabelecida, favorece a percepção do que se apresenta, na forma como se manifesta.

Levado pelo instinto gregário, e porque sociável, o ser humano necessita de convívio, intercâmbio saudável, a fim de receber e propiciar estímulos que levam ao desenvolvimento.

Por inúmeros fatores, a compreensão humana em torno das limitações e problemas dos outros diminui, escasseia, tornando-se necessária e sendo rara.

Na imperiosa ânsia de estabelecer comunicação, os indivíduos buscam-se para o relacionamento e anseiam por desvelar-se uns aos outros. No entanto, grassa nos corações um grande medo de se deixarem identificar. O que são, constitui-lhes tesouro afligente e temem vê-lo atirado fora. A forma de ser difere da imagem que exteriorizam e receiam perdê-la, naturalmente, porque não esperam receber compreensão.

O mundo está repleto de pessoas *surdas* que conversam; de convivências *mudas* que se expressam.

Fala-se muito sobre *nada* e dialoga-se em demasia sobre *coisa nenhuma*, resolvendo-se uma larga fatia de problemas, que permanecem...

Quando alguém se te acerque e fale, procura ouvi-lo e registrar-lhe a palavra. Talvez não tenhas a forma ideal para dar-lhe, nem disponhas do que ele espera de ti. Muitas vezes, ele não aguarda muito e somente *fala por falar.*

Concede-lhe atenção e o estimularás, facultando-lhe sentir-se alguém que desperta interesse.

Se ele resolve confiar em ti e se desvela, respeita-lhe a problemática e ajuda-o, caso tenhas como fazê-lo.

Por tua vez, vence o medo de te revelares. Certamente, não abdicarás da prudência nem do equilíbrio; no entanto, é saudável dialogar, descerrar painéis escondidos pelo *ego* ou mascarados para refletirem imagens irreais.

Na tua condição de criatura humana frágil, a convivência honesta com outras pessoas contribuirá eficazmente para a tua harmonização íntima.

Assim, torna-te compreensivo, paciente, um terapeuta fraternal.

Não cries estereótipos, nem fixes pessoas a imagens que resultam de momentos.

Todos estamos em contínuas transformações, e nem sempre se é hoje o que ontem se aparentava. Novas experiências e lições vieram juntar-se à pessoa de antes, qual ocorre contigo. É o inexorável imperativo do progresso em ação.

Compreendendo o teu próximo e relacionando-te com ele, serás mais bondoso para contigo; percebendo-lhe a fragilidade, serás mais atencioso para com os teus limites e buscarás crescer, amando e amando-te mais.

O Equilíbrio Divino mantém-me em harmonia. Penetro-me para conhecer-me. Exteriorizo-me para oferecer.

Há uma necessidade de ser generoso em relação a mim mesmo, ao próximo e à Vida.

O Equilíbrio Divino tocou-me suavemente como a primavera rociando o botão de rosa, e fez-me desabrochar totalmente.

20
AMADURECIMENTO PSICOLÓGICO

O relacionamento interpessoal revela o comportamento dos indivíduos em função de si e dos outros. Nos primeiros tentames, oculta a realidade na grande preocupação da aparência. À medida que estreita os vínculos, a postura de guarda cede lugar ao relaxamento emocional e, a pouco e pouco, a *máscara* cai.

Esse fenômeno é resultado da aproximação que o tempo proporciona à relação.

Nas pessoas realizadas, saudáveis, a conduta permanece sem surpresas, porque há uma interação da sua vivência interior com a exterior, verdadeiro amadurecimento psicológico. Após o autoconhecimento, que propicia a autoaceitação, explora-se o exterior, abrindo-se a experiências, a vivências novas e enriquecedoras. A linha do equilíbrio demarca a personalidade, sem excentricidades nem bruscas mudanças como ocorre entre a exaltação e a depressão.

Quem assim age, encontra-se plenificado, irradiando esse estado de conquista como pessoa humana.

No comportamento alternado, em que o júbilo e a tristeza, a confiança e a suspeita, o amor e a animosidade se confundem, a falta do autodescobrimento, a imaturidade programam estados de instabilidade, de desdita, conduzindo a enfermidades emocionais que são somatizadas, reaparecendo na área orgânica com caráter destruidor.

Tais reflexos, no relacionamento, geram desequilíbrios que se agravam, na razão direta que se fazem desastrosos, empurrando suas vítimas para estados obsessivo-compulsivos ou depressivos.

Na tua ânsia de crescimento experimenta a tua realidade íntima em confronto com a externa.

Não te permitas perturbar pelos indivíduos reagentes, que se encontram de mal com eles próprios e *vomitam* mau humor contra os demais. Permanece cortês, para que não seja o teu estado bilioso a dizer como te comportares.

Por tua vez, não te transformes em personalidade *reatora*, aquela que está sempre reagindo, quando poderia e deveria agir.

A tua ação e reação traduzem como és interiormente, bem como sentes e vês em realidade o que se passa em teu íntimo.

Assim, não desperdices energias mascarando-te, antes as aplica em contínuo trabalho de autoaprimoramento, de crescimento interior até exteriorizares as conquistas em simpatia, cordialidade e amor.

Qualquer pretensão de modificar o mundo e fazê-lo girar como te aprouver é alucinação. Porém, se te dedicares à transformação íntima, que reflita em alteração de outros comportamentos para melhor, lograrás alcançar a verdadeira meta do amadurecimento psicológico.

Com esse aprofundamento no eu espiritual, a saúde plena será tua amiga na grande proposta que te leva em busca da realização pessoal e humana.

Jesus nunca se amesquinhou diante dos falsamente poderosos ou de classe e economia mais expressivas. Tampouco se tornou prepotente diante dos fracos e sofredores. A linha de equilíbrio entre o Seu interior e o exterior demonstrou a Sua superioridade moral, espiritual e intelectual, que O torna Modelo sob todos os aspectos para todos nós, exemplo de perfeita maturidade psicológica, porque plenificadora.

Segunda parte

Momentos de consciência

MOMENTOS DE CONSCIÊNCIA

630. Como se pode distinguir o bem do mal?
– O Bem é tudo o que é conforme a Lei de Deus;
o Mal, tudo o que lhe é contrário. Assim, fazer
o Bem é proceder de acordo com a Lei de Deus.
Fazer o mal é infringi-la.
(KARDEC, Allan. *O Livro dos Espíritos*.)

O jovem imaturo deslumbrava-se com as constelações cintilantes no firmamento e planejava conquistá-las.

Quando os primeiros momentos de compreensão mais ampla afloraram-lhe à mente, percebeu a impossibilidade de conseguir as galáxias e achou possível conquistar a Terra que lhe servia de mãe gentil.

As lutas amadureceram-no e as dificuldades aumentaram-lhe a visão da realidade, facultando-lhe compreender a impossibilidade de lograr o anelado e, amando a pátria onde nascera, acreditou que a poderia conquistar.

Empenhou-se no embate arriscado, ganhou posição social e poder, porém, a soma de decepções e amarguras fê-lo desistir do intento e ele pensou em conquistar a comunidade na qual se movimentava.

Injunções políticas favoreceram-no com os cargos elevados, e quando o destaque parecia havê-lo premiado, as artimanhas da hostilidade dos grupos beligerantes derrubaram-no.

Mais amadurecido ainda e pensativo, voltou-se para a família, e enquanto a velhice se acercava, ele se empenhou em conquistar o clã.

Os interesses díspares no lar e na prole expulsaram-no, porque ele já pesava na economia doméstica, superado, no conceito dos jovens sonhadores e ambiciosos quanto ele próprio o fora um dia...

Nesse momento ele teve consciência da sua realidade, e só então entendeu a importância de conquistar-se a si mesmo.

Momentos de consciência!

A volúpia do prazer domina as massas, e as criaturas ansiosas tumultuam-se e agridem-se, precipitando-se inermes nos gozos exaustivos sem que saciem os desejos.

A onda de vulgaridade avoluma-se e ameaça levar de roldão as construções enobrecedoras da sociedade.

Uma violenta quebra de valores favorece o receio da experiência honrada, abrindo espaço para o campeonato da insensatez e do crime.

A mudança de comportamento moral altera a escala do discernimento, ombreando com a sordidez e a promiscuidade.

Nesse sentido, há um receio pela eleição da existência saudável, da conduta moral.

O exótico e o agressivo substituem o belo e o pacífico, dificultando o discernimento em torno do real e do imaginário, do justo e do ignóbil.

Há carência de grandeza, de amor, de abnegação, nestes momentos da Terra.

As grandes nações encontram-se conturbadas e os seus membros, aturdidos.

Os povos de médio desenvolvimento apresentam-se ansiosos, inseguros.

Os países em crescimento, vitimados pela miséria econômica, experimentam a fome, as doenças calamitosas, o desemprego, a loucura que se generalizam.

Em todos eles, no entanto, sobressaem a violência, a luxúria e a dissolução dos costumes.

A criatura agoniada, todavia, busca outros rumos de afirmação.

Está, porém, na natureza humana, a necessidade da paz e o anelo pelo bem-estar.

Essa busca surge nos momentos de consciência, quando descobre as necessidades legítimas e sabe distingui-las no meio dos despautérios, do supérfluo e da desilusão.

Pensando nesses acontecimentos, que predominam nos vários segmentos da sociedade contemporânea, resolvemos escrever a presente obra.

Inspiramo-nos em O Livro dos Espíritos, de Allan Kardec,[1] que é um manancial de inexaurível sabedoria, repositório de lições libertadoras de que necessitamos para o autoencontro, a autoiluminação.

O amadurecimento intelecto-moral faculta a consciência e esta propele para a verdade e a vida.

Selecionamos vinte temas e os examinamos sob a óptica da consciência que se apoia nos estudos do mestre lionês, propondo rotas de segurança a quem se disponha a reflexionar neles.

---

1. 29. edição da FEB (nota da autora espiritual).

Não tivemos a preocupação de seguir as questões em ordem crescente, antes selecionamos os temas e demos-lhes uma classificação especial, de modo a facultar mais amplas observações em torno da vida, da conduta e das experiências humanas.

Certamente não guardamos a presunção de crer que estamos acrescentando algo de novo aos estudiosos da criatura humana e do seu comportamento moral.

Alegra-nos a satisfação de oferecer um pouco do que temos em favor do homem novo, esforçado, consciente de que, empenhado na construção de um mundo mais feliz, a sua ambição deve ser a de conquistar-se a si mesmo e não aos outros.

Salvador, 11 de setembro de 1991.

JOANNA DE ÂNGELIS

1
AQUISIÇÃO DA CONSCIÊNCIA

O momento da conscientização, isto é, o instante a partir do qual consegues discernir com acerto, usando como parâmetro o equilíbrio, alcanças o ponto elevado na condição de ser humano.

Efeito natural do processo evolutivo, essa conquista te permitirá avaliar fatores profundos como o Bem e o Mal, o certo e o errado, o dever e a irresponsabilidade, a honra e o desar, o nobre e o vulgar, o lícito e o irregular, a liberdade e a libertinagem.

Trabalhando dados não palpáveis, saberás selecionar os fenômenos existenciais e as ocorrências, tornando tuas diretrizes de segurança aquelas que proporcionam bem-estar, harmonia, progresso moral, tranquilidade.

Essa consciência não é de natureza intelectual, atividade dos mecanismos cerebrais. É a força que os propele, porque nascida nas experiências evolutivas, a exteriorizar-se em forma de ações.

Encontramo-la em pessoas incultas intelectualmente, e ausente em outras, portadoras de conhecimentos acadêmicos.

Se analisarmos a conduta de um especialista em problemas respiratórios, que conhece intelectualmente os danos provocados pelo tabagismo, pelo alcoolismo e por outras drogas aditivas, e que, apesar disso, usa, ele próprio, qualquer um desses flagelos, eis que ainda não logrou a conquista da consciência. Os seus dados culturais são frágeis de tal forma, que não dispõem de valor para fomentar uma conduta saudável.

Por extensão, a pessoa que se permite o crime do aborto, sob falsos argumentos legais ou de *direitos* que se faculta, assim como todos aqueles que o estimulam ou executam, incidem na mesma ausência de consciência, comportando-se sob a ação do instinto e, às vezes, da astúcia, da acomodação, mascaradas de inteligência.

Outros indivíduos, não obstante sem conhecimento intelectual, possuem lucidez para agir diante dos desafios da existência, elegendo o comportamento não agressivo e digno, mesmo que a contributo de sacrifício.

A consciência pode ser treinada mediante o exercício dos valores morais elevados, que objetivam o bem do próximo, por consequência, o próprio bem.

O esforço para adquirir hábitos saudáveis conduz à conscientização dos deveres e às responsabilidades pertinentes à vida.

Herdeiro de si mesmo, das experiências transatas, o ser evolui por etapas, adquirindo novos recursos, corrigindo erros anteriores, somando conquistas. Jamais retrocede nesse processo, mesmo quando, aparentemente, reencarna dentro das *paredes* de enfermidades limitadoras que bloqueiam o corpo, a mente ou a emoção, gerando tormentos. Os logros evolutivos permanecem *adormecidos* para futuros cometimentos, quando assomarão lúcidos.

A aquisição da consciência é desafio da vida, que merece exame, consideração e trabalho.

✳

A tua existência terrena pode ser considerada uma empresa que deves dirigir de forma segura, a mais cuidadosa possível.

Terás que trabalhar dados concretos e outros mais abstratos na área da programação de atividades, a fim de conseguires êxito. Todo empenho e devotamento se transformarão em mecanismos de lucro, a que sempre poderás recorrer durante as situações difíceis.

Algumas breves regras ajudar-te-ão no desempenho do empreendimento, tais:

Administra os teus conflitos. O conflito psicológico é inerente à natureza humana e todos o sofrem.

Evita eleger homens-modelo para seguires. Eles também são vulneráveis às injunções que experimentas, e, às vezes, comprometem-se, o que, de maneira alguma, deve constituir desestímulo.

Concede-te maior dose de confiança nos teus valores, honrando-te com o esforço para melhorar sempre e sem desânimo. Se erras, repete a ação; e se acertas, segue adiante.

Não te evadas ao enfrentamento de problemas usando expedientes falsos, comprometedores, que te surpreenderão mais tarde com dependências infelizes.

Reage à depressão, trabalhando sem autopiedade nem acomodação preguiçosa.

Tem em mente que os teus não são os piores problemas, eles pesam o volume que lhes emprestas.

Libera-te da queixa pessimista e medita mais nas fórmulas para perseverar e produzir.

Nunca cedas espaço à *hora vazia* que se preenche de tédio, mal-estar ou perturbação.

O que faças, faze-o bem, com dedicação.

Lembra-te que és humano e o processo de conscientização é lento, que adquirirás segurança e lucidez através da ação contínua.

Interessado em decifrar os enigmas do comportamento humano, Allan Kardec indagou aos Benfeitores e Guias da Humanidade, conforme se lê em *O Livro dos Espíritos*, na questão número 621:

– *Onde está escrita a Lei de Deus?*

– *Na consciência* – responderam com sabedoria.

A consciência é o estágio elevado que deves adquirir, a fim de seguires no rumo da angelitude.

2
CONHECIMENTO E CONSCIÊNCIA

A través de uma análise cuidadosa do comportamento humano, Jung constatou que em todos os povos há uma predominância de crença em três fatores essenciais à vida: Deus, a sobrevivência da alma e a ação benfazeja pelo próximo tanto quanto a si mesmo.

Variando de denominação e forma de aceitação, de filosofia e de fé religiosa, esses três princípios são fundamentais à sustentação do grupo social e à felicidade individual.

São esses conceitos básicos que serviram de suporte à ética e ao pensamento filosófico, abrindo perspectivas mais amplas à integração do ser no grupo social.

Essas manifestações procedem, originariamente, do Eu espiritual e são trazidas da Erraticidade onde ele se encontrava antes da reencarnação. Por tal razão, o conceito do arquétipo coletivo do mesmo Jung, que tentaria explicar a crença, em vez de haver surgido no indivíduo e transmitido às gerações sucessivas, tem a sua causalidade na origem espiritual da vida, que permanece em germe no processo da evolução até o momento quando assume forma e expressão na consciência atual.

Necessariamente, através dos tempos, os Espíritos missionários, portanto, mais evoluídos, tomaram esses princípios e os desdobraram, apresentando-se nas várias formas de crenças e religiões, com os cultos compatíveis ao estágio cultural de cada época, povo e raça.

À medida que são aprendidos os seus profundos significados, desvestem-se das fórmulas desnecessárias e passam à posição ética de comportamento em relação à vida, a si mesmos e ao seu próximo. Eles permitem uma plena integração da criatura com o seu Criador, consigo mesma e com o outro ser, sem cuja identificação a felicidade se lhe torna impossível.

Ninguém é realmente feliz a sós.

O exílio voluntário, a solidão constituem método para disciplina mental, moral e comportamental. Realizado, porém, o curso de domínio da vontade, a sua aplicação no cotidiano, no relacionamento humano, dirá da sua eficácia e dos resultados do tentame.

Experiência não testada é adorno que não merece confiança.

Conhecimento não aplicado é informação que ignora a finalidade.

O ser humano é sociável, portador do instinto gregário para crescer no relacionamento com os demais onde quer que se encontrem. Sem tal enfrentamento, os seus valores são desconhecidos e suas resistências certamente são fracas.

O conhecimento da imortalidade conscientiza o ser para um comportamento ético elevado em relação ao seu próximo, tudo lhe fazendo conforme o padrão que lhe constitui ideal e que, por sua vez, gostaria de receber.

Nesse sentimento de solidariedade se encontra a meta desafiadora que deve alcançar no processo evolutivo e de autoiluminação.

Todo um esquema de projetos para tornar-se realidade, apresenta-se a partir do momento em que a sua existência física adquire sentido, significado e finalidade, que não se interrompem com a morte orgânica, no seu incessante fenômeno de transformações moleculares.

A visão imortalista enseja uma dilatação de objetivos em relação à vida, pois que, logrado um patamar de valores e realizações, outro surge atraente, propiciando novos esforços que facultam o contínuo crescimento intelecto-moral do candidato decidido.

Questões e circunstâncias afligentes, que se apresentam no contexto social como relevantes e que respondem por incontáveis conflitos geradores de infelicidade, cedem espaço a legítimas aspirações de plenitude, que se colocam acima das questiúnculas cuja importância é-lhes atribuída, em razão de não passarem de frivolidades, desperdícios de tempo e de emoção. Isso porque, a certeza da Causalidade Divina e da Sua Justiça faculta uma real conscientização de conteúdos em favor do próprio futuro, que tem começo desde então.

O conhecimento, portanto, racional, lógico e emocional, sobre Deus, sobrevivência e função do amor ao próximo, conscientiza o ser a respeito da sua humanidade e da destinação gloriosa que logrará no futuro.

Allan Kardec, preocupado com a questão em torno da felicidade, indagou aos Nobres Mentores qual a forma de enfocá-la, e eles responderam, conforme está em *O Livro dos Espíritos*, na proposta de número 919:

– *Qual o meio prático mais eficaz que tem o homem de se melhorar nesta vida e de resistir à atração do mal?*

– *Um sábio da antiguidade vo-lo disse: "Conhece-te a ti mesmo".*

3
COMPORTAMENTO E CONSCIÊNCIA

Estudos cuidadosos a respeito do comportamento humano demonstraram que há três biótipos representativos de criaturas na sociedade.

O primeiro pode ser denominado como *codependente*, constituído por pessoas condicionadas, aquelas que estabelecem as suas metas através de circunstâncias alheias à sua vontade, não adquirindo uma consciência pessoal de satisfação como esforço individual autorrealizador. As suas aspirações estão fundamentadas nas possibilidades de outrem, nos fatores ocasionais, e afirmam que somente serão felizes se amadas, se realizarem tal viagem ou qual negócio, etc. A falta de confiança em si mesmas proporciona-lhes o desequilíbrio desagregador da saúde, e mais facilmente, em média, são acessíveis ao câncer, atingindo um obituário maior do que aquelas que se demoram nas outras áreas.

O segundo é constituído por *indivíduos insatisfeitos*; os que têm raiva da vida, que estão *contra*; instáveis e irritadiços por natureza, são autodestrutivos, vivendo sob a constrição permanente da irascibilidade. Afirmam que se sentem incompletos, que nada lhes sai bem, portanto, agridem-se e agridem todos e tudo. Facilmente se tornam presa de distúrbios nervosos que mais os desgastam e infelicitam, atirando-se aos porões da exaltação, da depressão, do auto-cídio, direto ou não...

Entre eles surgem os déspotas, os guerreiros, os criminosos...

O terceiro grupo é formado por *criaturas ajustadas*, autorrealizadas, tranquilas, confiantes. Certamente, o seu é um número reduzido, diferindo grandemente dos membros que se encontram nas faixas comportamentais anteriores. Essas pessoas ajustadas são candidatas ao triunfo nas atividades às quais se dedicam, tornando-se agradáveis, sociáveis, estimuladoras. Os seus empenhos são positivos, visando sempre ao bem-estar geral, ao progresso de todos. As suas lideranças são enriquecedoras, criativas e dignas. Desse grupo saem os fomentadores do desenvolvimento da sociedade, os exemplos de sacrifício, os gênios criadores, os buscadores da Verdade...

As investigações aprofundaram as suas sondas nas causas próximas desses comportamentos e encontraram, na raiz deles, o grupo familiar como responsável.

Com ligeiras variações daqueles que superam os fatores negativos e se ajustam, bem como outros que apesar da sustentação dignificadora derraparam para as áreas de inquietação, o lar responde pela felicidade ou desdita futura da prole, gerando criaturas de bem, assim como servos da perturbação.

Quem não recebe amor, não sabe dar amor e não o possui para repartir.

Na infância do corpo, o Espírito encarnado plasma na consciência a escala de valores que lhe orientará a existência.

Conforme seja tratado criará estímulo naquela direção, retribuindo-o na mesma ordem.

A autoestima aí se desenvolve, quando orientado ao descobrimento apreciável da vida, das próprias possibilidades, dos valores latentes que lhe cumpre desenvolver. Os desafios tornam-se-lhe convites ao esforço, à luta pelo progresso, à conquista de metas. O insucesso não o aturde nem o desestimula, pois que o conscientiza de como não fazer o que deseja.

O carinho na infância, o amor e a ternura, ao lado do respeito à criança são fundamentais para uma vida saudável, plenificadora.

Todos têm necessidade de segurança na jornada carnal de instabilidades e transitoriedades. E os pais, os educadores, os adultos em geral são os modelos para a criança, que os amará, copiando-os ou os detestará, incorporando-os inconscientemente.

É verdade que cada Espírito reencarna no lar de que tem necessidade para evoluir, o que não credencia os genitores ao uso e abuso das arbitrariedades que pratiquem, das quais terão, por sua vez, de dar conta à própria e à Consciência Cósmica.

O Espírito reencarna para progredir, desdobrando e aprimorando as aptidões que lhe dormem na consciência profunda. A educação na infância desempenha um papel de fundamental importância para o seu comportamento durante a existência. Os estímulos ao amor ajudam-no a lapidar as arestas que lhe remanescem do passado, mediante as ações de enobrecimento, de solidariedade, de abnegação, de caridade.

Com raras exceções, os grandes vultos da Humanidade possuíram uma superior consciência de comportamento e apoiavam-na nas reminiscências do lar, no carinho dos pais, dos avós, dos mestres, que lhes constituíram exemplo digno de ser imitado. As suas reminiscências foram ricas de beleza, de bondade, de amor, com que se equiparam para os grandes lances da existência, e, aqueles que foram vítimas de holocaustos, possuíam pacificada a consciência por sacrificarem-se em favor da posteridade.

Respondendo a Allan Kardec, à indagação de número 918, de *O Livro dos Espíritos*, asseveraram os Condutores da Terra:

– *O Espírito prova a sua elevação quando todos os atos de sua vida corporal representam a prática da Lei de Deus e quando, antecipadamente, compreende a vida espiritual.*

O comportamento é, pois, resultado do nível individual de consciência de cada ser.

4
CONFLITOS E CONSCIÊNCIA

Nos alicerces do inconsciente dormem todos os processos da evolução antropológica e as aquisições psicológicas do ser em forma de experiências vividas.

Toda vez que uma delas não pôde ser assimilada e passou aos arquivos profundos, permanecerá com possibilidade de emergir do arcabouço onde dorme, reaparecendo na feição de conflito.

Os conflitos resultam igualmente das ambições insatisfeitas, dos desejos frustrados e das manifestações íntimas que ficaram recalcadas sem o concurso da razão.

O ser humano, libertando-se das heranças do primarismo, estagia na fronteira dos hábitos instintivos e do discernimento do que lhe é factível realizar.

Adaptado aos fenômenos automáticos, nem sempre dispõe de forças morais para superar a limitação, de onde nascem as incertezas e dúvidas que se transformam em complexos conflitos emocionais.

Comportamentos arraigados e insegurança escamoteiam-se nos painéis do inconsciente e remanescem no ser em forma de impulsos tormentosos, complexos perturbadores, tendendo a infelicitar a criatura que lhes experimenta a constrição.

O conflito é o claro-escuro do que fazer ou não realizar, tendendo sempre para o desequilíbrio e a aflição.

Não *digerido*, transforma-se em expressão emocional de desajuste, somatizando distonias orgânicas que abrem espaço para a instalação de várias doenças.

Parasito vigoroso, o conflito deve ser identificado para posterior eliminação.

Toda vez que algo se apresente sombrio na área da emoção, por medo, ignorância, pressão ou fraqueza, pode tornar-se conflito mais tarde.

Só há, no entanto, conflito, quando a consciência não luz discernimento, e, ainda obliterada, deixa-se conduzir apenas pela inteligência ou pelos instintos, permanecendo sem direcionamento.

A existência humana é um constante desafio.

Todo desafio propõe esforço para a luta.

Quando o ser recua num tentame, eis que perde a oportunidade de afirmar os seus valores, a prejuízo do crescimento pessoal.

Desenvolvendo as aptidões cada vez que tem coarctada uma ação, ou não entendendo uma situação, o ser bloqueia a faculdade de produzir, perdendo-se no emaranhado dos receios e das incertezas.

Cabe-lhe, portanto, logicar para agir, medir as possibilidades e produzir, trabalhando pelo aprimoramento interior, que responde pela harmonia psicofísica do seu processo evolutivo.

A consciência alarga os horizontes do pensamento, facultando a saúde real, que se expressa como equilíbrio perante o Cosmo.

Sendo a criatura um cosmo em miniatura, é regida pelas mesmas Leis do grande Universo.

Desse perfeito entrosamento entre os pequenos e o grande Foco, surge a harmonia que é a sua mais nobre manifestação.

Os fenômenos conflitivos que se manifestam na conduta e na emoção da criatura são efeitos do estágio em que se encontra o Espírito reencarnado.

O organismo, amoldando-se aos sutis equipamentos espirituais, reflete a necessidade de progresso que o caracteriza, impelindo-o à incessante transformação intelecto-moral – sua meta, sua busca.

Ademais, em face da historiografia do seu passado, o ser ainda padece conflitos que lhe são sugeridos e transmitidos por sequazes ou vítimas espirituais de jornadas transatas, que a morte não aniquilou.

Diante da palpitante e frequente manifestação dos conflitos nas vidas humanas, Allan Kardec solicitou esclarecimentos aos Numes Tutelares, conforme se lê na pergunta 361 de *O Livro dos Espíritos:*

– Qual a origem das qualidades morais, boas ou más, do homem?

E eles redarguiram:

– São as do Espírito nele encarnado. Quanto mais puro é esse Espírito, tanto mais propenso ao bem é o homem. O que equivale dizer, que sem conflitos.

Joanna de Ângelis / Divaldo Franco

Desse modo, a superação dos conflitos se dará mediante o esforço ingente oferecido pelo ser em evolução que se deixe plenificar.

5

SAÚDE E CONSCIÊNCIA

A fim de que a pessoa adquira ou preserve a saúde, é imprescindível a conscientização de si mesma, da sua maneira de ser.

Normalmente, por hábito vicioso, prefere e aceita os estados negativos e alterados de comportamento com os quais a consciência anseia, abrindo espaço para as doenças. Permite-se, desse modo, a raiva, o ciúme, a queixa, a ansiedade, e tomba em depressões injustificáveis que são as portas de acesso a enfermidades variadas.

Justificando sempre os pensamentos perturbadores e as ações perniciosas, recusa-se à renovação da paisagem mental com a consequente mudança de atitudes, mais se predispondo ao desequilíbrio.

Os sinais de alarme em torno da situação surgem quando se deseja:

Pedir desculpas por uma reação infeliz e não logra fazê-lo;

Recomeçar uma tarefa que a ira interrompeu e sente dificuldade;

Abraçar alguém inamistoso e vê-se impedido;

Discutir um assunto desagradável e é tomado por um silêncio constrangedor;

Iniciar uma conversação e sente-se incapaz ou desinteressado;

Permanecer acordado sem libertar-se de uma ideia intranquilizadora;

Continuar ansioso, mesmo quando não há razão que o justifique;

Não conseguir dirigir palavras gentis a uma pessoa querida;

Sentir-se trêmulo ou deprimido diante de alguém que lhe parece superior;

Considerar-se diminuído no meio social no qual se movimenta...

Esses sintomas e outros mais caracterizam estados predisponentes às doenças.

A aceitação dessas circunstâncias significa preferência de infelicidade à harmonia.

Cultivando esses estados, bloqueia-se a consciência que se entorpece, volvendo a um estágio inferior, no caso, à sensação que ainda lhe predomina no processo evolutivo.

Sendo a pessoa livre para preferir ser saudável ou enferma, cabe à consciência agir com liberdade profunda, isto é, a opção de ser feliz.

Começa por te desfazeres dos padrões mentais antigos, negativos, que te condicionaram à aceitação dos comportamentos doentios.

O treinamento de novas maneiras de pensar, baseadas na ordem, no bem geral, na superação das próprias possibilidades, criará automatismos e reflexos que trabalharão pela tua harmonia e saúde.

É necessário assumires o controle de ti mesmo, o que equivale dizer, a conscientização, esse estágio superior no qual a emoção conduz a sensação.

Infinitas mensagens são dirigidas da mente ao corpo, produzindo hábitos que se arraigarão, substituindo aqueles que se responsabilizam pela desarmonia e doença.

O teu cérebro, com os seus extraordinários arquivos, está sempre armazenando dados com a capacidade de fixar dez novos fatos por segundo.

Pode parecer difícil saíres de uma situação desgastante para uma outra agradável. E é, realmente. No entanto, toda aprendizagem exige a repetição da experiência até a sua fixação em definitivo. Do mesmo modo, a aquisição de valores e padrões de felicidade vai além do simples querer, deambulando pelos caminhos do conseguir.

A tecnologia deu o seu mais expressivo salto nos tempos modernos, quando dois jovens cientistas americanos inventaram o transistor, em 1948, miniaturizando peças e equipamentos que aceleraram o progresso da civilização.

Não medir esforços para a aquisição da saúde, mediante a consciência do dever para consigo mesmo, é o desafio a enfrentar e vencer, através das pequenas peças do sacrifício, da perseverança e do trabalho.

Na questão de número 912, de *O Livro dos Espíritos*, Allan Kardec interrogou:

– Qual o meio mais eficiente de combater-se o predomínio da natureza corpórea?
E os Mentores responderam:
– Praticar a abnegação.
Com este esforço desfrutar-se-á de consciência, saúde e paz.

6

CULPA E CONSCIÊNCIA

A culpa surge como forma de catarse necessária para a libertação de conflitos.

Encontra-se insculpida nos alicerces do Espírito e manifesta-se em expressão consciente ou através de complexos mecanismos de autopunição inconsciente.

Suas raízes podem estar fixadas no pretérito – erros e crimes ocultos que não foram justiçados – ou em passado próximo, nas ações da extravagância ou da delinquência.

Geradora de graves distúrbios, a culpa deve ser liberada, a fim de que os seus danos desapareçam.

Arrepender-se de comportamentos equivocados, de práticas mesquinhas, egoísticas e arbitrárias é perfeitamente normal. A sustentação, porém, do arrependimento, além de ser inoperante, apenas proporciona prejuízos que respondem por numerosos conflitos da personalidade.

O arrependimento tem como finalidade dar a perceber a dimensão do delito, do gravame, de modo que o indivíduo conscientize-se do que praticou, formulando propósitos de não reincidência. A permanência na sua análise, a discussão íntima em torno do que deveria, ou não, ter feito naquela ocasião, transforma-se em cravo perturbador fincado no painel da consciência.

Há pessoas que se atormentam com a culpa do que não fizeram, lamentando não haver fruído tudo quanto o momento passado lhes proporcionou. Outras, amarguram-se pela utilização indevida ou pelo uso inadequado da oportunidade, todas, no entanto, prosseguindo em ação negativa.

Seja o que for que fizeste ou deixaste de fazer, a recordação, em culpa, daquele instante, de maneira alguma te ajudará.

Não poderás apagar o erro, lamentando-o, por mais te demores nesta atitude, tampouco experimentarás recompensa reter-te na lembrança do que poderias ter feito e deixaste de realizar. A aparente compensação que experimentes, enquanto assim permaneça, é neurótica, pois que voltarás às mesmas reminiscências que se transformarão em cáustico mental no futuro.

Tudo quanto invistas para anular o passado, removê-lo ou deixá-lo à margem, será inútil.

O que está feito ou aquilo que ficou para realizar, constituem experiências para futuras condutas.

Águas passadas não movem moinhos – afirma o brocardo popular com sabedoria.

As lembranças negativas entorpecem o entusiasmo para as ações edificantes, únicas portadoras de esperança para a liberação da culpa.

Há pequenas culpas que resultam da educação deficiente, neurótica, do lar, igualmente perturbadoras, mas de pequena monta.

A existência terrena é toda uma oportunidade para enriquecimento contínuo.

Cada instante é ensejo de nova ação propiciadora de crescimento, de conhecimento, de conquista. Saber utilizá-lo é desafio para a criatura que anela por novas realizações.

Desse modo, quem se detém nas sombrias paisagens da culpa ainda não descobriu a consciência da própria responsabilidade perante a vida, negando-se à bênção da libertação.

De alguma forma, quem cultiva culpa não deseja libertar-se, em tal postura comprazendo-se irresponsavelmente.

Sai da forma do arrependimento e age de maneira correta, edificante.

Reabilita-te do erro, através de ações novas que representam o teu atual estado de alma.

Detém a onda dos efeitos perniciosos com a diluição deles nas novas fronteiras do Bem.

A soma das tuas ações positivas quitará o débito moral que contraíste perante a Divina Consciência, porquanto o importante não é a quem se faz o bem ou o mal, e sim, a ação em si mesma em relação à harmonia universal.

Allan Kardec, interessado na questão, interrogou os Embaixadores Espirituais e recebeu deles a segura resposta, conforme o número 835 de *O Livro dos Espíritos*:

– Será a liberdade de consciência uma consequência da de pensar?

– *A consciência é um pensamento íntimo, que pertence ao homem, como todos os outros pensamentos.*

Como consequência, a culpa deve ser superada mediante ações positivas, reabilitadoras, que resultarão dos pensamentos íntimos enobrecedores.

7

MATURIDADE E CONSCIÊNCIA

A consciência atinge a plena conquista, quando o ser amadurece no seu processo psicológico de evolução. Esse amadurecimento é o resultado de um contínuo esforço em favor do autoconhecimento e da coragem para enfrentar-se, trabalhando com esforço íntimo as limitações e os processos infantis que nele ainda predominam.

Não sabendo superar as frustrações, fixa-as no inconsciente e torna-se sua vítima, fugindo para os mecanismos da irresponsabilidade toda vez que se vê a braços com dificuldades e enfrentamentos.

A imaturidade psicológica não se restringe ao período de desenvolvimento da infância, e sim, às várias fases da vida, considerando-se que a aprendizagem e o crescimento não cessam nunca, tornando-se uma constante até o momento da individuação, no qual o Espírito comanda a matéria e o psíquico mantém-se em harmonia com o físico.

Não seja de estranhar que indivíduos adultos mantenham comportamentos infantis e que jovens se apresentem com equilibrada maturidade.

Naturalmente, o Espírito é o agente da vida e dele procedem os valores que são ou não considerados durante a existência corporal.

O mecanismo para o amadurecimento psicológico do ser expressa-se de maneira natural, aguardando que a vontade e o contínuo esforço, para o reconhecimento das debilidades físicas, emocionais e outras, facultem o ânimo para corrigi-las e superá-las.

As funções psíquicas, que Jung classificou em número de quatro – sensorial, sentimental, intelectual e intuitiva –, devem constituir um todo harmônico, sem predominância de alguma em detrimento de outra, proporcionando o amadurecimento, portanto, a plena realização da consciência.

O amadurecimento psicológico exterioriza-se quando se ama, quando se alcança esse sentimento oblativo, demonstrando a libertação da idade infantil.

Egocêntrica e ambiciosa, a criança apega-se à posse e não doa, exigindo ser protegida e jamais protegendo, amada sem saber amar, nem como expressá-lo. O seu amor é possessivo e sempre se revela no receber, no tomar. O seu tempo é presente total.

O adulto, diferindo dela, compreende que o amor é a ciência e arte de doar, de proporcionar felicidade a outrem.

O seu tempo é o futuro, que o momento constrói etapa por etapa, à medida que lhe amadurecem a afetividade e o psiquismo.

Enquanto o amor não sente prazer em doar, experiencia o período infantil, caracterizando-se pelo ciúme, pela insegurança, pelas exigências descabidas, portanto, egocêntrico, impróprio.

Quem ama com amadurecimento, plenifica-se com a felicidade do ser amado e beneficia-se pelo prazer de amar.

Há nele uma compreensão de liberdade que alcança os patamares elevados da renúncia pessoal, em favor da ampla movimentação e alegria do ser amado.

O que hoje não consegue, semeia em esperança para o amanhã.

O idoso amadurecido realiza-se em constantes experiências de amor e vivências culturais, emocionais, sociais, beneficentes, livres do passado, das reminiscências que lhe constituem prazer fruído, no entanto, sem sentido.

Como o crescimento do homem maduro não termina, a sua consciência promove-o à certeza de que, desvestido do corpo, ele prosseguirá evoluindo.

Sintetizando toda a sabedoria de que era portador, Jesus, na condição de Psicólogo Excelente, prescreveu para as criaturas humanas a necessidade de se amarem umas às outras.

Com essa lição ímpar, não somente reformulou as propostas egocêntricas da Lei Antiga, de reações cruéis, portanto, infantis, como abriu perspectivas extraordinárias para a integração da criatura com o seu Criador, o Amor Supremo.

Posteriormente, buscando propiciar o amadurecimento das criaturas, Allan Kardec indagou aos Mensageiros da Luz, *qual a mais meritória de todas as virtudes*, e eles responderam, qual está registrado em *O Livro dos Espíritos*, na questão de número 893:

— *Toda virtude tem seu mérito próprio, porque todas indicam progresso na senda do bem. Há virtude sempre que há resistência voluntária ao arrastamento dos maus pendores. A sublimidade da virtude, porém, está no sacrifício do interesse pessoal, pelo bem do próximo, sem pensamento oculto. A mais meritória é a que assenta na mais desinteressada caridade.* Porquanto, através do autoconhecimento, o ser pensante descobre as próprias imperfeições, trabalha-as, e, levado pela necessidade gregária, sai da solidão e ama.

8
CARMA E CONSCIÊNCIA

O carma é o efeito das ações praticadas nas diferentes etapas da existência atual como da pregressa.

Fruto da árvore plantada e cultivada, tem o sabor da espécie que tipifica o vegetal.

Quando os atos são positivos, os seus resultados caracterizam-se pela excelência da qualidade, favorecendo o ser com momentos felizes, afetividade, lucidez, progresso e novos ensejos de crescimento moral, espiritual, intelectual e humano, promovendo a sociedade na qual se encontra.

Quando atua com insensatez, vulgaridade, perversão, rebeldia, odiosidade, recolhe padecimentos ultores, que propiciam provas e expiações reparadoras de complexos mecanismos de aflições, que respondem como necessidade iluminativa.

O carma está sempre em processo de alteração, conforme o comportamento da criatura.

A desdita que se alonga, o cárcere moral que desarvora, a enfermidade rigorosa que alucina, a limitação que perturba, a solidão que asfixia, o desar que amargura podem alterar-se favoravelmente se aquele que os experimenta resolve mudar as atitudes, aprimorando-as e desdobrando-as em prol do bem geral, no que resulta em bem próprio.

Não existe nas soberanas Leis da Vida fatalidade para o mal.

O que ao ser acontece, é resultado do que ele fez de si mesmo e nunca do que Deus lhe faz, como apraz aos pessimistas, aos derrotistas e cômodos afirmar.

Refaze, pois, a tua vida, a todo momento, para melhor, mediante os teus atos saudáveis.

Constrói e elabora novos carmas, liberando-te dos penosos que te pesam na economia moral.

A consciência não é inteligência no sentido mental, mas a capacidade de estabelecer parâmetros para entender o Bem e o Mal, optando pelo primeiro e seguindo a diretriz do equilíbrio, das possibilidades latentes, desenvolvendo os recursos atuais em favor do seu vir a ser.

Essas possibilidades que se encontram adormecidas, são a presença de Deus em todos, aguardando o momento de desabrochar e crescer.

A consciência, nos seus variados níveis, consubstancia a programação das ocorrências futuras através das quais conquista os patamares da evolução.

Enquanto *adormecida*, a consciência funciona por automatismos que se ampliam do instinto à conquista da razão. Quando a *lucidez* faculta o discernimento, mais se favorecem os valores divinos que se manifestam, aumentando a capacidade de amar e servir.

O carma, que se deriva da conduta consciente, tem a qualidade do nível de percepção que a tipifica.

Amplia, desse modo, os tesouros da tua consciência, e o teu carma se aureolará de luz e paz que te ensejarão plenitude.

Enquanto na ignorância, Maria de Magdala, com a consciência adormecida, vivia em promiscuidade moral. Ao defrontar Jesus, despertou, alterando o comportamento de tal forma, que elaborou o abençoado carma de ser a primeira pessoa a vê-lO ressuscitado.

Judas Iscariotes, consciente da missão do Mestre, intoxicou-se pelos vapores da ambição descabida, e, despertando depois, ao enforcar-se, estabeleceu o lúgubre carma de reencarnações infelizes para reparar os erros tenebrosos e recuperar-se.

O carma e a consciência seguem juntos, o primeiro como decorrência do outro.

Allan Kardec, em *O Livro dos Espíritos*, na questão de número 132, interrogou:

– *Qual o objetivo da encarnação dos Espíritos?*

E os Mensageiros responderam:

– *Deus lhes impõe a encarnação com o fim de fazê-los chegar à perfeição. Para uns, é expiação; para outros, missão. Mas, para alcançarem essa perfeição, têm que sofrer todas as vicissitudes da existência corporal: nisso é que está a expiação. Visa ainda a outro fim a encarnação: o de pôr o Espírito em condições de suportar a parte que lhe toca na obra da criação. (...)*

9
MORTE E CONSCIÊNCIA

A perfeita identificação da transitoriedade do corpo físico expressa o superior estágio de consciência do homem. Esse discernimento lúcido, a respeito da fragilidade orgânica, é de alto significado no processo da evolução, constituindo patamar superior de conquista que promove o ser do instinto à razão, e desta à intuição espiritual.

Repugna ao homem-instinto a lembrança da morte, bem como da sua convivência no cotidiano. Para ele, o estágio corporal tem o sentido de permanência, entorpecendo-lhe o conhecimento da realidade, que se recusa a aceitar, embora o fenômeno biológico das transformações celulares e moleculares dê-se a cada instante.

A segurança do edifício orgânico apoia-se na fragilidade da sua própria constituição.

Engrenagens delicadas são susceptíveis de se desorganizar, seja por acidentes da sua estrutura, ou por invasões microbianas, ou traumatismos físicos e emocionais, ou, ainda, por desgaste natural que decorre do uso na sucessão do tempo.

Agrada, ao homem inconsciente, pensar apenas no imediatismo do aparelho físico e no desfrutar dos aparentes benefícios que propicia, na área dos prazeres e das sensações mais agressivas, que frui com sofreguidão insaciável.

Esse engano leva-o ao apego das formas que se diluem e alteram; dos objetos de que se apropria e passam de mãos; das aspirações que transforma em metas de vida e às quais se entrega, expressando-as em poder, destaque, abastança, que não pode deter por tempo indefinido.

Como efeito dessa ação sem apoio na realidade da vida, surgem os quadros da ansiedade, do medo, da insegurança, da irritabilidade, degenerando em mecanismos de infelicidade, porque a vida física torna-se-lhe a razão única pela qual luta e se empenha em preservar.

Experimentando o desgaste, a enfermidade, a velhice, sente-se próximo do fim e desequilibra-se.

Ignorando ou teimando por desconhecer a inevitável transformação que encerra um ciclo, para dar lugar ao surgimento de um outro, do qual procede, rebela-se e envenena-se com a ira, apressando aquilo que pretende postergar.

A consciência libera a realidade do ser em profundidade, que compreende as naturais alterações dos fenômenos biológicos, que são instrumentos para o seu progresso espiritual.

Desentorpecida dos anestésicos atávicos do *instinto de conservação*, que remanescem do primarismo animal, penetra na estrutura da vida, descobrindo a causalidade existencial que é o espírito, independente dos mecanismos orgânicos, que usa com finalidades específicas e abandona quando encerrada a atividade que se lhe faz necessária.

Graças a tal entendimento, desenvolve recursos preciosos e desvela atributos que lhe dormem nos refolhos, abrindo-se a valores imperceptíveis que o fascinam, em detrimento daqueloutros que são necessários ao trânsito carnal e devem permanecer no teatro terrestre onde se originam.

A consciência da morte, com as consequentes ações preparatórias para o traspasse, favorece o ser com harmonia interior e segurança pessoal.

A lucidez em torno dos deveres propele a criatura ao burilamento íntimo, e, ao fazê-lo, descobre que o amor é a fonte inexaurível de recursos para facultar-lhe o tentame.

O amor que se expande liberta-o das paixões escravizadoras que perturbam e infelicitam.

Se já podes conscientizar-te da proximidade do fenômeno da morte, que é transformação em tua existência, estás em condições de crescer e planar acima das vicissitudes.

Vive então o périplo orgânico, conscientemente, usando o corpo com finalidade elevada, porquanto ao chegar o momento da tua morte deixarás a massa material como borboleta ditosa que, após a histogênese, voa feliz nos rios suaves do infinito.

Na questão 155 de *O Livro dos Espíritos,* pode-se ler:
– *Como se opera a separação da alma e do corpo?*
– *Rotos os laços que a retinham, ela se desprende.*

Com a consciência da realidade, a vida esplende no corpo e fora dele.

10
Reencarnação e consciência

A conquista lúcida da consciência abre espaços para o entendimento das leis que regem a vida, facultando o progresso do ser, que se entrega à tarefa de educação pessoal e, por consequência, da sociedade na qual se encontra situado.

Não mais lhe atendem as aspirações, os conceitos utópicos e as afirmações pueris destituídas de razão, com os quais, no passado, se anestesiava o discernimento dos indivíduos e das massas.

Com ela a ideia de Deus e da Sua Justiça evolui, arrancando-O do antropomorfismo a que esteve algemado pela ignorância, para uma realidade mais consentânea com a própria grandeza.

Os velhos tabus, como efeito, cedem lugar aos fatos que podem ser considerados e examinados pela investigação, produzindo amplas percepções de conteúdos que enriquecem a compreensão.

O crescimento interior elucida a justiça, que já não se aferra aos limites das paixões humanas que a padronizaram conforme os próprios interesses, agraciando uns e punindo outros, em lamentável aberração ética e de equanimidade discutível, senão absurda.

A consciência conquistada favorece a penetração nas causas da vida mediante os processos de intuição, de dedução e de análise decorrente da experiência vívida dos fatores que constituem o Universo.

Engrandecem-se o homem e a mulher que se despojam do temor ou da incredulidade, do beatismo ou da negação, assumindo uma postura digna, portanto, coerente com o seu estado de evolução.

Somente a consciência favorece a perfeita identificação com a realidade das vidas sucessivas, concepção-lei única a corresponder à grandeza da vida.

Sem a consciência, a inteligência logica e crê, mas não se submete; a emoção aceita, porém receia os impositivos do estatuto da evolução, no qual está o mecanismo reencarnacionista.

A consciência abre as comportas da inteligência e do sentimento para a natural aceitação das experiências sucessivas e inevitáveis, que promovem a criatura.

A reencarnação é instrumento do progresso do ser espiritual. Ora ele expia, quando são graves os seus delitos, submetendo-se às aflições que constituem disciplinas educativas, mediante as quais se fixam nos painéis profundos da consciência os deveres a cumprir. Noutras vezes, são provações que enrijecem as fibras morais responsáveis pela ação dignificadora.

Longe de ser uma punição, a dádiva do renascimento corporal é bênção do Amor, auxiliando o espírito a desenvolver os recursos que lhe jazem latentes, qual terra arroteada e adubada em condições de transformar a semente diminuta no vegetal exuberante que nela dorme...

Diante dessa realidade, amplia a tua consciência pela meditação e age com segurança ética, entregando-te ao compromisso de iluminação desde agora.

Nunca postergues os deveres a pretexto de que terás futuras oportunidades.

A tua consciência dirá que hoje e aqui estão o momento e o lugar para a construção do teu ser espiritual, que se deve elevar, libertando-se dos atavismos primitivos e das paixões perturbadoras.

A consciência da reencarnação impulsionar-te-á ao progresso através do amor e do bem sem alternativas de fracasso, porque a luz da felicidade brilhando à frente será o estímulo para que alcances a meta.

Sem a reencarnação a vida inteligente retornaria ao caos e a lógica do progresso ficaria reduzida à estupidez, à ignorância.

A consciência da reencarnação explica Sócrates e o homem bárbaro do seu tempo, Gandhi e o selvagem da atualidade, a civilização e o primitivismo nesta mesma época...

Lentamente o ser avança, e, de etapa em etapa, adquire experiência, conhecimento, sentimento, sabedoria, consciência.

Em *O Livro dos Espíritos*, na questão 170, encontramos o seguinte diálogo:

– *O que fica sendo o Espírito depois da sua última encarnação?*

Joanna de Ângelis / Divaldo Franco

– *Espírito bem-aventurado; puro Espírito.*
Para esse desiderato final, a consciência das reencarnações é indispensável.

11
Consciência e evolução

O despertar da consciência faculta a responsabilidade a respeito dos atos, em face do desabrochar dos Códigos Divinos que jazem em germe no ser.

Criado *simples e ignorante*, o espírito tem como fatalidade a perfeição que lhe está destinada. Alcançá-la com rapidez ou demorar-se por consegui-la, depende da sua vontade, do seu livre-arbítrio.

Passando pela *fieira da ignorância*, adquiriu experiências mediante as quais pode discernir entre o que deve e o que lhe não é lícito realizar, optando pelas ações que lhe proporcionem ventura, bem-estar, sem os efeitos perniciosos, aqueles que se tornam desgastantes, afligentes.

Desse modo, torna-se responsável pelo seu destino, que está a construir, modificar, por meio das decisões e atitudes que se permita.

O Bem é-lhe o fanal, e este se constitui de *tudo aquilo que é conforme as Leis de Deus*, que são naturais, vigentes em toda parte.

A herança da ignorância primitiva prende-o no mal, que é contrário à *Lei de Progresso*, não, porém, retendo-o indefinidamente e impossibilitando-o de ser feliz.

Cumpre-lhe, portanto, envidar esforços e romper os elos com a retaguarda, avançando nas experiências iluminativas, a princípio com dificuldade, em face da viciação instalada, para depois acelerar os mecanismos de desenvolvimento, por força mesmo do prazer e alegria fruídos.

Lentamente, em razão da própria consciência, descobre os tesouros preciosos que lhe estão à disposição e dos quais pode utilizar-se com infinitos benefícios.

Saúde e doença, paz e conflito, alegria e tristeza podem ser eleitos através do discernimento que guia as ações. Sem essa claridade, os estados negativos tornam-se-lhe habituais e, mesmo quando estabelecidos, podem alterar-se através do empenho empregado para vencê-los.

Nunca te entregues à desesperação, ao abandono. Não és uma pedra solta no leito do rio do destino, a rolar incessantemente. Tens uma meta, que te aguarda e que alcançarás.

Penetra-te mediante a reflexão e descobre as tuas incalculáveis possibilidades de realização.

Afirma-te no Bem, a fim de que o seu germe em ti fecunde e cresça. Serás o que penses e planejes, pois que da mente e do sentimento procedem os valores que são cultivados.

O teu estado natural é saúde. As enfermidades são os *acidentes de trânsito*, das ações negativas, propiciando-te reabilitação. É indispensável manteres atenção e cuidado na conduta do veículo carnal. Assim, pensa no bem-estar, anela-o, estimulando-o com realizações corretas.

A tua constituição é harmônica. Os desequilíbrios são ocorrências, na corrente elétrica do sistema nervoso, por distorção de carga que as sensações cultivadas proporcionam. Mantém os interruptores da vigilância ligados, a fim de que impeçam as altas voltagens que os produzem.

Em tua origem és luz avançando para a Grande Luz. Só há *sombras* porque ainda não te dispuseste a movimentar os poderosos geradores de energia adormecida no teu interior. Faze claridade, iniciando com a chispa da boa vontade e deixando-a crescer até alcançar toda a potência de que dispõe.

O Amor é o teu caminho, porque procede de Deus, que te criou. Desse modo, verticaliza as tuas aspirações e agiganta os teus sentimentos na direção da Causalidade Primeira.

Tudo podes, se quiseres.

Tudo lograrás, se te dispuseres.

Buscando penetrar na ordem das Divinas Leis que propiciam o entendimento da vida, Allan Kardec interrogou as Venerandas Entidades, conforme registrou na questão 117 de *O Livro dos Espíritos*:

— *Depende dos Espíritos o progredirem mais ou menos rapidamente para a perfeição?*

— *Certamente. Eles a alcançam mais ou menos rápido conforme o desejo que têm de alcançá-la e a submissão que testemunham à vontade de Deus. Uma criança dócil não se instrui mais depressa do que outra recalcitrante?*

12
CONSCIÊNCIA E HÁBITOS

São João da Cruz afirmava que "Deus é encontrado nas trevas do ser humano".

Ínsito na criatura, permanece no seu *lado escuro*, aquele Si profundo da sua realidade ainda por detectar.

Enquanto essa área de *sombras* não seja clareada pela razão, a ignorância predomina e os instintos governam, mesmo que o raciocínio pareça comandar-lhe os hábitos e as ações.

O tentame deve ser continuamente exercitado em todos os períodos da existência terrestre, porquanto as experiências realizadas elevam-no a patamares mais significativos, abrindo-lhe possibilidades mais amplas de autopenetração.

As raízes do ser são Divinas, constituindo-lhe o corpo um instrumento ou solo fértil para a fecundação, o desabrochar dos tesouros latentes.

Naturalmente, pesam-lhe sobre os ombros na larga jornada humana os fatores endógenos, como a hereditariedade, as glândulas de secreção endócrina e outros, e exógenos, quais os contributos da educação, da sociedade, da economia, geradores de hábitos. É, todavia, o espírito que, herdeiro das próprias realizações, transfere de uma para outra existência as aquisições que o promovem, retêm ou aprisionam em estados perturbadores.

Em face dos hábitos do imediatismo, ocorreu, através dos tempos, nos seres humanos, uma fissura entre a consciência superficial e a profunda, desenvolvendo mais as áreas da personalidade, em detrimento daquelas que dizem respeito à individualidade.

Essa separação gerou neles o desinteresse pelas conquistas transcendentais, que lhes parecem difíceis de logradas ou se apresentam desmotivadoras, tal a preocupação com o lado concreto da vida.

Confirmando essa colocação, a Ciência constatou que o hemisfério cerebral esquerdo dos seres humanos, encarregado dos reflexos no lado direito, é verbal, relativo, angular, individual, desenvolvido; enquanto o direito, que responde pelo lado esquerdo do corpo, é global, intuitivo, silencioso, seletivo, pouco utilizado, em consequência, sem desenvolvimento, aguardando que a mente, na sua função legítima, propicie-lhe o enriquecimento de faculdades e realizações.

A mente em si mesma, o espírito, através do cérebro, manifesta-se em duas formas diferentes: ora como razão – intuitiva, metafísica, abstrata – ora como inteligência – concreta, analista, imediata.

O uso da razão proporciona o discernimento, que faculta a eleição dos hábitos saudáveis favoráveis à felicidade, emuladores à evolução.

A função da mente é pensar.
O hábito de pensar amplia as possibilidades de discernir.

A mente é capaz de reconhecer pela razão os próprios erros nos quais se apoia e corrigi-los.

A preguiça de pensar é a responsável pela limitação do discernimento, da razão.

Adaptando-se às análises estreitas e superficiais da vida e das suas manifestações, o ser permanece em estágio inferior, malbaratando o tempo e a oportunidade.

O empenho de manter a atenção – que observa –, a concentração – que fixa – e a meditação – que completa o equilíbrio psicofísico – torna-se a ponte de união entre a consciência superficial e o Eu profundo, unificando, desse modo, a ação dos dois hemisférios cerebrais que se harmonizarão e se desenvolverão em equilíbrio.

A repetição dos atos gera hábitos e estes tornam-se memórias, que passam a funcionar automaticamente.

Se eleges hábitos mentais de discernimento para o correto, agirás com segurança, e essas *memórias* funcionarão automaticamente, amadurecendo-te intelectiva e afetivamente, com este comportamento oferecendo-te consciência de ti mesmo, identificação com o teu Eu profundo.

– *O Reino dos Céus está dentro de vós*– acentuou Jesus com infinita sabedoria, em um tempo de grande ignorância e com um conteúdo de extraordinária atualidade.

A psicologia profunda hoje desvela esse lado escuro da criatura, iluminando-a com a presença do Espírito no corpo, qual a contribuição proposta por Viktor Frankl, na sua constatação noética, palavra derivada do termo grego *nous* ou Espírito.

E Allan Kardec, o Missionário da Era Nova, aclarando os escuros patamares humanos da consciência adormecida, após interrogar os Instrutores da Humanidade, a respeito do progresso, deles recebeu a confortadora e segura resposta, conforme a questão número 779, de *O Livro dos Espíritos*:

— *O homem se desenvolve por si mesmo, naturalmente. Mas, nem todos progridem simultaneamente e do mesmo modo. Dá-se então que os mais adiantados auxiliam o progresso dos outros, por meio do contato social.*

13
CONSCIÊNCIA E DISCERNIMENTO

N a antiguidade clássica, os gregos elucidavam que *o homem é um animal racional e que para alcançar o pleno desenvolvimento deve utilizar-se da razão.*

A conquista da razão, no entanto, dá-se mediante o esforço desenvolvido pelo uso da mente, por um método ordenador.

A mente pode tornar-se o céu ou o inferno de cada criatura, conforme o direcionamento que dê ao seu pensamento.

O cultivo das ideias que se derivam das paixões, induz a distúrbios que alienam e brutalizam, dificultando o predomínio do discernimento.

O discernimento resulta do exercício da arte de pensar, que deve crescer de forma adequada, favorecendo o homem com a percepção do ser e do não ser, do correto e do errado, do justo e do abominável.

Duas proposições surgem como metodologia correta para o desenvolvimento da razão, para o uso do discernimento: pensar sempre e o que se deve pensar.

No primeiro caso, educação através do pensar constante, já que a sua função desenvolve os próprios centros pelos quais se manifesta, dilatando a capacidade para fazê-lo sempre.

Indispensável lutar contra a preguiça mental, geradora da desatenção, da sonolência, da dificuldade de concentrar-se.

Eleger o tipo de pensamentos a cultivar, constitui passo de alta importância para que o discernimento manifeste a consciência, na eleição dos códigos de comportamento que se incorporarão à existência...

Diz-se que ninguém vive sem pensar, e a afirmação é equivocada. Todos os que transitam nas faixas primárias da evolução pensam pouco ou quase nada.

Vítimas dos impulsos da sua *natureza animal*, deixam-se arrastar pelas tendências e instintos até o momento compulsório em que lhes luz a razão, propelindo-os ao exame dos acontecimentos e da conduta.

Outros, que já alcançaram essa fase, por falta de hábito de pensar, deixam-se anestesiar e acomodam-se aos fatos e fenômenos existenciais, sem os estímulos inteligentes para galgarem patamares mais elevados.

O discernimento propicia ao ser pensante o amadurecimento psicológico e, por extensão, de natureza afetiva. Descobre, então, a própria importância no grupo social, no qual se movimenta, empenhando-se para dar conta dos deveres que lhe cumpre desenvolver.

Alarga-se-lhe o horizonte da compreensão humana e o amor abrangente por tudo e todos assoma-lhe e predomina nos seus sentimentos, propiciando-lhe a consciência existencial responsável pela conduta saudável, promotora da felicidade.

Essa consciência que discerne, faculta a intuição da transcendência da vida, ampliando as possibilidades de desenvolvimento intelecto-moral, que se direcionam ao infinito da perfeição relativa.

Desse modo, a conquista do discernimento e da consciência brinda a criatura humana com a plenitude, que espera e tem sido decantada pelos mártires e apóstolos, pelos santos e sábios de todos os tempos, de todas as culturas, de todas as épocas...

Passando pela fieira das reencarnações, o espírito desenvolve os conteúdos superiores que nele jazem em germe e, ao contato com as experiências da razão, faculta as condições para que se desenvolvam, dignificando o seu possuidor e promovendo-o à realização plenificadora, meta dos renascimentos, objetivo para o qual todos fomos criados.

Allan Kardec reflexiona sobre o assunto, conforme a questão de número 189, que se encontra em *O Livro dos Espíritos*, a saber:

– *Desde o início da sua formação, goza o Espírito da plenitude de suas faculdades?*

– *Não, pois que para o Espírito como para o homem, também há infância. Em sua origem, a vida do Espírito é apenas instintiva. Ele mal tem consciência de si mesmo e de seus atos. A inteligência só pouco a pouco se desenvolve.*

O desenvolvimento da inteligência e do sentimento dá origem à consciência, ao discernimento.

14
CONSCIÊNCIA E DEVER

Em razão dos projetos fantasistas que se propõe, a criatura humana estabelece, normalmente, sua escala de valores prioritários, longe da realidade espiritual. Os impositivos imediatos prevalecem nos seus conteúdos eleitos como aqueles que devem ser conquistados, fixando as bases do seu comportamento na busca dessas realizações.

Embora reconheça a impermanência da vida física e de tudo quanto lhe diz respeito, agarra-se à transitoriedade dos acontecimentos e fenômenos, buscando eternizá-los no tempo que se transfere e nos espaços emocionais que se consomem, em razão das transformações inevitáveis do corpo somático.

Como consequência, esvai-se na luta constante pela preservação do perecível, assim como no afã de manter-se em novas buscas, esquecendo-se da realização plena, que decorre da sua consciência lúcida constatando a conquista de si mesma.

Por atavismo, acredita que a preservação da espécie e a necessidade de manter os provimentos necessários para tal fim, constituem os objetivos da existência na Terra. E sem mais amplas reflexões, automaticamente, entrega-se à conquista de coisas e valores amoedados, de projeção social e gozo pessoal. As suas áreas de movimentação emocional são restritas, o que gera, com o tempo e a repetição, as graves neuroses que propelem às fugas espetaculares, aos conflitos, aos sofrimentos mais acerbos...

O ser humano é aquilo que pensa, que de si mesmo elabora, construindo, mediante o pensamento, a realidade da qual não logra evadir-se. As suas aspirações íntimas, com o tempo, concretizam-se e surpreendem-no, às vezes quando já não as acalenta, pois que há um período para semear e outro que corresponde à colheita.

O êxito de um empreendimento depende, por certo, do empenho que alguém se aplica para a sua execução. Todavia, o projeto, a programação e o método de trabalho são indispensáveis para o tentame e a realização.

A ideia, pura e simples, necessita de indumentária para ser expressa e a forma como se apresenta responde pelas conquistas que produz.

Assim, as palavras enunciadas não podem ser silenciadas, prosseguindo na sua marcha. O que realizam, torna-se patrimônio daquele que as endereçou.

A consciência lúcida mantém-se vigilante, a fim de não gerar conflitos e sofrimentos para si mesma através dos conceitos infelizes emitidos e das ações perniciosas praticadas.

Conhecendo os deveres que lhe dizem respeito, amadurece as responsabilidades, porquanto se utiliza das ocasiões propiciatórias para desenvolver mais os potenciais que lhe jazem inatos, ampliando a área de percepção.

A consciência do dever não é resultado dos arquétipos mitológicos, e sim, das conquistas morais que promovem a criatura, liberando-a dos *instintos agressivos*, da *libido*, das paixões asselvajadas.

Pode-se medir o estágio de evolução do ser pela sua consciência de dever. A ausência dela indica-lhe o primarismo, mesmo que haja realizado conquistas intelectuais, enquanto que a sua manifestação revela todo o processo de armazenamento de valores ético-morais.

A inteligência reflete os esforços que se exteriorizam pelo cérebro, enquanto a consciência promana dos refolhos do espírito.

Faze da tua existência terrestre um patrimônio de eternas bênçãos.

A morigeração, a equanimidade, o dever lúcido marcharão contigo, proporcionando-te estímulos e mais conquistas, sem que o cansaço, o tédio e a amargura encontrem pouso em teus sentimentos e disposições.

Cada dificuldade e problema se te revelarão desafios, e, se por acaso malograres, toma a atitude de Santo Agostinho, conforme declara em bela comunicação em *O Livro dos Espíritos*, nos comentários à questão 919:

– *Fazei o que eu fazia, quando vivi na Terra: ao fim do dia, interrogava a minha consciência, passava revista ao que fizera e perguntava a mim mesmo se não faltara a algum dever, se ninguém tivera motivo para de mim se queixar. Foi assim que cheguei a me conhecer e a ver o que em mim precisava de reforma. (...)*

15
CONSCIÊNCIA E CARÁTER

A eleição dos valores ético-morais e a identificação dos objetivos da vida, bem como a seleção das qualidades que estabelecem os critérios formadores do ser, caracterizam o surgimento da consciência. A sua vigência e desenvolvimento decorrem dos episódios que se repetem, produzindo a fixação das conquistas encarregadas de incrementar o progresso do espírito, sem demorados estágios nas províncias do sofrimento, que é legado da ignorância.

Toda realização pensada, sentida e cultivada dá surgimento à memória, que registra as impressões mais fortemente experimentadas.

A criatura humana deve preocupar-se, no bom sentido, com as emoções e acontecimentos positivos, de forma a guardar memórias que contribuam, por estímulos, para o próprio engrandecimento, para a harmonia pessoal.

Acossada, porém, pelo medo e pelo costumeiro pessimismo, que se atribui contínuas desventuras, passa com ligeireza emocional pelas alegrias, enquanto se detém nos desencantos.

Convidada aos padrões de bem-estar, busca com sofreguidão o autoflagelo, utilizando-se de mecanismos masoquistas para inspirar compaixão, quando possui equipamentos preciosos que fomentam e despertam o amor.

Nega-se, por sistemática ausência de consciência, a empolgar-se com a luz, a beleza, o sentido da vida, entregando-se aos caprichos da rebeldia, filha dileta do egoísmo insatisfeito.

Acreditando tudo merecer, atribui-se méritos que não possui e recusa-se a conquistá-los.

Compara-se com aqueloutras que vê em diferentes patamares, sem dar-se ao cuidado de examinar os sacrifícios que foram investidos, ou o que sente, quem lá se encontra, estabelecendo conceitos de felicidade, conforme pensa que as outras usufruem.

Este é um estágio que remanesce do primitivismo do instinto, antes da fixação da consciência.

Aprisiona-se aos atavismos dos quais se deveria libertar e cerra as possibilidades que lhe facultam os voos mais altos do sentimento e da razão. A alternativa da desdita e a perturbação da consciência tornam-se inevitáveis, gerando um comportamento que conduz à alienação.

A consciência é uma conquista iluminativa. A sua preservação resulta do esforço que estabelece o caráter do ser.

Todos os seres passam pelos mesmos caminhos e experimentam equivalentes desafios. O comportamento, em cada teste, oferece a promoção ou o estacionamento indispensável à fixação da aprendizagem. A conquista, portanto, do progresso, é pessoal e intransferível, o que é Lei de Justiça e de equanimidade.

Cada um ascende através dos impulsos sacrificiais que desenvolve.

Fixa, nos painéis da memória, os teus momentos de júbilo, por mais insignificantes sejam. A sucessão deles dar-te-á uma vasta cópia de emoções estimuladoras para o Bem.

Esquece os insucessos, após considerares os resultados proveitosos que podes haurir.

Quando algo de bom, de positivo te aconteça, comenta sem estardalhaço, revive e deixa-te penetrar pelo seu significado edificante.

Quando fores visitado pela amargura, o desencanto, a dor ou a decepção, procura superar a vicissitude e avança na busca de novos relacionamentos, evitando conservar ressentimentos e detalhes infelizes.

Não persistas nos comentários desagradáveis, que sempre ressumam infelicidade.

Por hábito doentio, as pessoas se fixam nas ocorrências malsãs, abandonando as lembranças saudáveis. Perdem, assim, as memórias superiores e acumulam as reminiscências perturbadoras que ocupam os espaços mentais e emocionais, bloqueando as amplas áreas de desenvolvimento da consciência.

Os episódios de consciência, de pequeno ou grande porte, formam o caráter que é a linha mestra de conduta para a vida.

A consciência consegue descobrir os valores mais insignificantes e torná-los estímulos positivos para outras conquistas.

A decisão e o esforço empregados para alcançar novas metas evolutivas desenvolvem o caráter moral, sem o qual falham os mais bem elaborados planos de triunfo.

O caráter saudável, disciplinado e responsável define o homem de bem, verdadeiro protótipo, que não se detém, nem desiste quando lhe surgem obstáculos tentando dificultar-lhe o avanço.

Necessitas levar adiante os planos bons, de desenvolvimento moral e espiritual, já registrados pela tua consciência.

Não dês trégua à indolência, nem te apoies em evasivas ou justificativas irrelevantes.

Identificado o dever, acorre a ele e executa-o.

Realmente preocupado com o progresso do espírito, Allan Kardec indagou aos Mentores Elevados, segundo consta da questão número 674 de *O Livro dos Espíritos*:

– *A necessidade do trabalho é Lei da Natureza?*

– *O trabalho é Lei da Natureza, por isso mesmo que constitui uma necessidade, e a civilização obriga o homem a trabalhar mais, porque lhe aumenta as necessidades e os gozos.*

16
CONSCIÊNCIA E RESPONSABILIDADE

A responsabilidade é manifestação evidente da aquisição de consciência.

O ato de pensar nem sempre faculta a visão correta, necessária à responsabilidade. Esta se alicerça no discernimento dos objetivos da existência terrestre, propelindo o ser às ações enobrecedoras em clima de dignificação.

A responsabilidade faculta o direcionamento dos deveres, elegendo aqueles que são essenciais, em detrimento dos que aparentam benefícios, e não passam de suporte para mascarar a ilusão e o gozo.

A criatura responsável discerne o que realizar e como executá-lo.

A tendência para o Bem é inata no ser humano, em face da sua Procedência Divina. O entorpecimento carnal, às vezes, bloqueia a faculdade de direcionamento que a consciência proporciona.

A pessoa lúcida, como consequência, age com prudência, confiando nos resultados que advirão, sem preocupar-se com o imediatismo, sabendo que a semente de luz sempre se converte em claridade.

A inconsciência em que estagiam muitas criaturas responde pela agressividade e ignorância que nelas predominam.

A responsabilidade, advinda da consciência, promove o ser ao estágio de lucidez, que o leva a aspirar às cumeadas da evolução que passa a buscar com acendrado devotamento.

A consciência da responsabilidade te conduzirá:

A nunca maldizeres o charco; e sim, a drená-lo.

A não cultivares problemas; antes, a solucioná-los.

A não ergueres barreiras que dificultem o progresso; porém, a te tornares ponte que facilite o trânsito.

A não aguardares o êxito antes do trabalho; pois que o primeiro somente precede ao último na ordem alfabética dos dicionários.

A não olhares para baixo, emocionalmente, onde repousam o pó e a lama; entretanto, a fitares o alto onde fulguram os astros.

A não desistires da luta, perdendo a batalha não travada; todavia, perseverando até o fim, pois que a esperança é a luz que brilha à frente, apontando a trilha da vitória.

A não falares mal do próximo, considerando as tuas próprias deficiências; ao invés disso, brindar-lhe palavras de estímulo.

A não te perturbares ante as incompreensões; porém a te sentires vivo, e, portanto, vulnerável aos fenômenos do trânsito humano.

A nunca pretenderes a paz sem os requisitos para cultuá-la no íntimo; não obstante, a irradiares a alegria do bem, que fomenta a harmonia.

A responsabilidade não favorece a autopiedade nem a presunção, a debilidade moral nem a violência, a volúpia dos desejos vis nem os gozos entorpecedores...

É criativa e enriquecedora, porque sabe encontrar-se em processo de elevação e de crescimento.

Louis Pasteur, combatido pelos acadêmicos do seu tempo, com responsabilidade, prosseguiu até culminar na descoberta dos micróbios, da profilaxia da raiva, do carbúnculo e, em geral, de todas as doenças contagiosas...

Kepler, perseguido, mas consciente dos mapas celestes, insistiu até apresentar uma admirável teoria do planeta Marte e formular outras leis que passaram a honrar-lhe o nome.

Hansen, com responsabilidade, aprofundou a sonda da pesquisa, até isolar o bacilo da lepra e salvar milhões de vidas.

Copérnico, anatematizado, com responsabilidade, demonstrou o duplo movimento dos planetas, sobre si mesmos, e o sistema heliocêntrico, pagando com alto preço a audácia da consciência.

O casal Curie, responsável, entregou-se às experiências fatigantes, que abriram novos horizontes para o conhecimento de materiais radioativos.

A responsabilidade é degrau de elevação da consciência que plenifica o homem e a mulher em todas as situações.

Diante desta realidade, Allan Kardec indagou aos benfeitores espirituais, conforme se lê em *O Livro dos Espíritos*, na questão de número 780:

– *O progresso moral acompanha sempre o progresso intelectual?*

– *Decorre deste, mas nem sempre o segue imediatamente.* Dependendo, certamente, da consciência de responsabilidade.

17

CONSCIÊNCIA E INTEGRIDADE

A criatura que busca a integridade, o estado de equilíbrio moral em toda sua amplitude, já adquiriu a consciência de si mesma, havendo logrado o amadurecimento psicológico resultante da observância correta das Leis da Vida.

A vida é as sucessivas etapas do processo evolutivo graças às quais o Espírito avança, de experiência em experiência, modelando o anjo que lhe dorme em latência, manifestação do psiquismo divino, sua origem, sua causalidade.

Na trajetória que enceta, normalmente o ser se vincula às comodidades da conjuntura carnal, seja pelos atavismos animais que nele predominam, ou porque se acomoda à situação em que estagia, sem dar-se conta da imperiosa necessidade de crescimento.

Todo desenvolvimento rompe amarras, facultando libertação e, às vezes, gerando dor.

Buscando fugir às dores, normalmente engendra mecanismos de transferência de que se utiliza para o prazer, passando a depender deste, assim programando os inevitáveis futuros sofrimentos.

Somente a consciência dos objetivos da vida, em seu conjunto, favorece a visão correta para uma conduta existencial preparadora da etapa para a futura reencarnação.

Decorrem disso os fenômenos que se apresentam na área do comportamento e, com eles, as tendências, inclinações, aspirações, temperamento...

A integridade resulta da disciplina das tendências negativas, das aspirações superficiais a favor dos valores de expressão profunda e da plena consciência de objetivo e significado existencial.

Se desejas possuir a integridade da criatura de bem, treina os pequenos deveres, as realizações de significado modesto.

É muito fácil tornar-se gigante nas grandes e expressivas realizações.

Os verdadeiros triunfadores, no entanto, agigantam-se nas pequenas coisas, enobrecendo-se nos labores de significado inexpressivo, sem os quais ruem as grandiosas construções e tornam-se prejudicados e impraticáveis os complexos projetos.

Apaga-se, esse trabalhador, nas situações de alta projeção e toma a responsabilidade nos serviços das horas sem aparente significação.

Não é notado quando presente, pois que todos se acostumaram ao seu equilíbrio, à harmonia do conjunto no qual labora; no entanto, quando não se encontra, todos lhe notam a ausência e compreendem-lhe o valor.

O homem íntegro é fiel ao dever e nunca deserta. Ele tem consciência da sua utilidade, que constrói e, por consequência, é responsável, discreto e operoso.

Quando se buscam sensações novas de agradar o *ego*, ainda não se adquiriu a consciência da integridade.

Difícil o triunfo do ser humano sobre si mesmo, porquanto essa conquista deriva-se da vivência do bem e da ordem, após o tirocínio da consciência lúcida.

Allan Kardec, com extraordinária capacidade de discernimento, trabalhou a própria consciência, aplicando-se as lições recebidas dos espíritos no comportamento e, estabelecendo as linhas básicas da integridade, definiu-as no homem de bem, como o portador das excelentes qualidades do coração, da mente e do caráter, tomando como símbolo a figura de Jesus, conforme a questão de número 625, de *O Livro dos Espíritos:*

– Qual o tipo mais perfeito que Deus tem oferecido ao homem, para lhe servir de guia e modelo?

– Jesus. Responderam os Sábios Instrutores do Mundo Maior, deixando-nos o exemplo máximo de consciência e integridade.

18

CONSCIÊNCIA E
ALIENAÇÕES MENTAIS

A consciência encontra-se no homem em todos os estágios do seu processo evolutivo.

Nas faixas primárias, manifesta-se como lampejos de discernimento, que o propelem para a conquista de degraus e patamares mais elevados.

Não obstante a predominância dos instintos agressivos, vez que outra ela surge e clareia a noite tormentosa dos impulsos imediatistas, ampliando os horizontes de percepção do ser.

Mais tarde, à medida que a razão se desenvolve, a capacidade de consciência se dilata, podendo ser vítima dos mecanismos escapistas da astúcia e do intelecto, que a adormecem, lesam-na ou intoxicam-na com os vapores perniciosos da frieza emocional.

Assim mesmo, ela rompe as dificuldades e lucila, abrindo espaços para o discernimento e os conflitos que decorrem da sua percepção ante os atos incorretos.

Somente quando o indivíduo vence as etapas primárias, e as experiências se fazem mais significativas, mediante a compreensão do sentido elevado da vida, é que ela se manifesta com plenitude e passa a comandar o direcionamento da existência, revelando-se vitoriosa.

A consciência é o árbitro interno, que se encarrega de estabelecer as diretrizes de segurança para a vida.

Variando a sua lucidez conforme o estágio de desenvolvimento alcançado, somente quando se torna equânime, pode conduzir o ser com sabedoria.

Enquanto é severa, exigindo rudes reparações em relação ao erro praticado, detém-se no primarismo do desforço.

Se, por outro lado, apresenta-se benigna em relação aos enganos, falta-lhe a maturidade que a capacita para a superior finalidade.

A consciência estua, quando, refletindo as Leis de Deus, direciona a criatura para o bem, a ventura, o avanço tranquilo em clima de fé e esperança.

A consciência enobrecida estabelece o programa de reparação com fundamento nas Leis do Amor e o de evolução nos mesmos códigos, sempre apoiada à Justiça e à Verdade.

Na psicogênese profunda das alienações mentais encontra-se a consciência de culpa, geradora dos tormentos que se apresentam como processos de reedificação, recompondo os painéis do dever mediante os dolorosos mecanismos da desordem mental.

O desarranjo dos equipamentos psíquicos proporciona ao Espírito sofrimentos insuspeitáveis, como forma rigorosa de apaziguamento da consciência.

Sendo o homem o autor da sua realidade moral, através da conduta que se permite no curso das existências corporais, em cada etapa elabora o método de crescimento interior pelo que realiza.

Quando delínque, insculpe a fogo no seu arcabouço profundo os meios reparadores, particularmente na área mental.

Ignoradas as ações infelizes que a justiça humana não alcança, a consciência, que sabe, desarticula os complexos mecanismos da razão em desequilíbrio, que somente a dor expungitiva recomporá.

No quadro das alienações mentais, seja nas psicopatologias conhecidas e academicamente estudadas ou nas graves obsessões, é a consciência culpada que faculta a instalação do mal que se exterioriza de maneira rigorosa em processo de reajustamento e reequilíbrio.

A consciência equânime se mantém com os recursos dos bons pensamentos e das reflexões, que são os meios valiosos ao alcance do ser para a sua plena edificação.

A consciência lúcida e tranquila é a terapeuta segura para as alienações mentais, razão pela qual todo paciente que requeira a saúde, não se deve escusar ao trabalho hercúleo de pacificar-se, usando a oração, a meditação, o autoconhecimento e as ações enobrecedoras, equipamentos esses propiciatórios para uma consciência de paz, responsável pela conquista do progresso.

Na questão de número 834, de *O Livro dos Espíritos*, Allan Kardec indaga:

— *É responsável o homem pelo seu pensamento?*

— *Perante Deus, é. Somente a Deus sendo possível conhecê-lo, ele o condena ou absolve, segundo a Sua Justiça.*

As alienações mentais são, pois, *a condenação de Deus* aos pensamentos e atos incorretos da consciência primária e equivocada.

19
CONSCIÊNCIA E MEDIUNIDADE

No complexo mecanismo da consciência humana, a paranormalidade desabrocha, alargando os horizontes da percepção em torno das realidades profundas do ser e da vida.

Explodindo com relativa violência em determinados indivíduos, graças a cuja manifestação surgem perturbações de vária ordem, noutros aparece sutilmente, favorecendo a penetração em mais amplas faixas vibratórias, aquelas de onde procede antes do corpo e para cujo círculo retorna-se depois do desgaste carnal.

Irradiando-se como apercebimento da própria alma em torno do mundo que a rodeia, capta e transmite impressões que propõem mais equilíbrio aos quadros da vida.

Além das manifestações peculiares aos seus atributos, enseja o intercâmbio mediúnico com os seres desencarnados, que propiciam a perfeita visão e o pleno entendimento dos mecanismos da existência corporal e da realidade eterna.

A princípio, surge como sensações estranhas de presenças psíquicas ou físicas algo perturbadoras, gerando medo ou ansiedade, inquietação ou incerteza. Em alguns momentos, turba-se a lucidez, para, noutros, abrirem-se brechas luminosas na mente, apercebendo-se de um outro tipo mais sutil de realidade.

À medida que se desdobram as capacidades de silêncio interior e captação das delicadas interferências, mais se afirma a soberania parafísica, demonstrando ser ela o agente das ocorrências no plano sensorial.

A mediunidade, que vige latente no organismo humano, aprimora-se com o contributo da consciência de responsabilidade e mediante a atenção que o exercício da sua função bem direcionada lhe conceda.

Faculdade da consciência superior ou espírito imortal, reveste-se dos órgãos físicos que lhe exteriorizam os fenômenos no mundo das manifestações concretas.

Não é sintomática de evolução, às vezes constituindo-se carreiro de aflições purgadoras, que se apresenta com a finalidade específica de convidar a criatura ao reajuste moral perante os códigos das soberanas *Leis de Deus*.

Quando a consciência lhe identifica a finalidade superior e resolve-se por incorporá-la ao seu cotidiano, esplendem-se possibilidades imensas de realização e crescimento insuspeitados.

A mediunidade é ponte valiosa, unindo os hemisférios da vida e da morte físicas, eliminando distância e preenchendo o fosso separatista entre ambos existente.

Por ela transitam as energias libertadoras do conhecimento, do amor, da razão. Quando, porém, desgovernada, faculta a passagem dos rancores, dos desforços, da aflição.

A consciência da realidade espiritual do ser humano proporciona-lhe campo de desdobramento infindável que todos podem alcançar.

Se registras a presença psíquica de seres desencarnados ou se te sentes presa de aflições emocionais destituídas de fundamentos, silencia a inquietação e penetra-te através da meditação.

Ora, de início. E ausculta a consciência.

Procura desdobrar a percepção psíquica sem qualquer receio e ouvirás pessoas queridas acercando-se de ti.

Não és uma realidade estática, terminada.

No processo da tua evolução, a mediunidade é campo novo de ação a joeirar, aguardando o arado da tua atenção.

Sem constituir-se um privilégio, é conquista que se te apresenta fascinante, para que mais cresças e melhor desempenhes as tuas tarefas no mundo.

Por ela terás acesso a paisagens felizes, a intercâmbios plenificadores, a momentos de reflexão profunda. Talvez, em algumas ocasiões, te conduza aos sítios do sofrimento e às pessoas angustiadas que também fazem parte do contexto da evolução.

Sintonizarás com a dor, no entanto, para que despertem os teus valores socorristas e ajudes, compreendendo melhor as Leis de Causa e Efeito que regem o Universo.

Nos outros, os momentos de elevação, adquirirás sabedoria e iluminação para o crescimento eterno, conduzindo contigo aqueles que ainda não lograram caminhar sem apoio.

A mediunidade, para ser dignificada, necessita das luzes da consciência enobrecida.

Quanto maior o discernimento da consciência, tanto mais amplas serão as possibilidades do intercâmbio mediúnico.

Antes de estudar a mediunidade mais profundamente, Allan Kardec perguntou aos Mensageiros da Luz, conforme se lê no item 408, de *O Livro dos Espíritos:*

— E qual a razão de ouvirmos, algumas vezes em nós mesmos, palavras pronunciadas distintamente, e que nenhum nexo têm com o que nos preocupa?

Os Veneráveis elucidaram-no:

— É fato: ouvis até mesmo frases inteiras, principalmente quando os sentidos começam a entorpecer-se. É, quase sempre, fraco eco do que diz um Espírito que convosco se quer comunicar.

Conscientizando-te desta rica possibilidade mediúnica ao teu alcance, faze silêncio interior, estuda a tua faculdade e, meditando, entra em sintonia com o teu guia espiritual a fim de que ele te conduza com segurança, iluminando e fortalecendo a tua consciência.

20
CONSCIÊNCIA E PLENITUDE

A busca da plenitude constitui a meta essencial da consciência lúcida que descobriu os valores reais da vida e superou os equívocos do *ego* no processo da evolução do ser espiritual.

Conscientizado quanto à realidade da vida, na sua qualidade de Hálito Divino e eterno, sabe que a rapidez do trânsito carnal em nada afeta o conteúdo de que se constitui, porquanto identifica o mecanismo da evolução graças ao qual se adentra na existência física, através da concepção fetal, e abandona-a por meio da anoxia cerebral, quando lhe advém a morte.

Felicitado pela perfeita identificação dos objetivos humanos, empenha-se por entesourar os recursos inalienáveis do Bem, preservando a paz íntima e comportando-se dentro dos cânones da ordem e do dever, fomentadores do próprio, como do progresso geral.

A consciência seleciona as necessidades reais das que são utópicas, abrindo espaços à realização interior que induz ao amor como meio especial de alcançar a plenitude.

Sonhada por todos os povos, nas mais variadas épocas da História, foi assinalada por santos, místicos e heróis, como *Nirvana, Samadi, Paraíso, Glória*, encontrando em Jesus a denominação amena de *Reino dos Céus*, onde não vicejam as dores nem as angústias, as saudades nem as aflições.

Delimitando-lhe as balizas no próprio coração da criatura, o Mestre Divino propôs o mergulho no *oceano* dos sentimentos, onde pode sobrenadar, fruindo de harmonia, sem ansiedade, nem arrependimento, sem perturbação ou tormento...

Conquistada a consciência que propicia amadurecimento, o ser alcança o estado de plenitude espiritual, não obstante se encontre no invólucro carnal.

Não temas a morte, nem receies a vida.

Vive de tal forma que ante a desencarnação te encontres em paz, atravessando o fenômeno biológico com a naturalidade de quem adormece com a certeza inconsciente do despertar.

Nenhuma expectativa, inquietação alguma.

Prepara-te para te transferires da faixa orgânica para a espiritual com segura tranquilidade.

Enquanto estejas na vida corporal, exercita-te na fraternidade, não te deixando perturbar por querelas e paixões dissolventes.

Cuida de viver, com intensidade e sem cansaço, as horas da existência, deixando-as passar com real aproveitamento, de modo que a recordação delas não te cause remorso ou lamentação.

Às vezes, breves minutos no corpo são definidores de futuro auspicioso, em face da claridade de consciência para identificar os erros praticados e assimilar realizações plenificadoras.

Os momentos de consciência profunda, objetiva, proporcionam a memória da plenitude, passo inicial para a integração no espírito total da vida.

Jesus assinalou esta conquista ao afirmar: "Eu e meu Pai somos um".

Havia uma perfeita identificação entre Ele e o Gerador Universal, acenando aos seus discípulos a possibilidade de consciência integral com plenitude pessoal.

Interessado na elucidação da plenitude, Allan Kardec indagou aos Gênios Espirituais, conforme anotou em *O Livro dos Espíritos*, na questão 967:

— *Em que consiste a felicidade dos bons Espíritos?*

— *Em conhecerem todas as coisas; em não sentirem ódio, nem ciúme, nem inveja, nem ambição, nem qualquer das paixões que ocasionam a desgraça dos homens. O amor que os une lhes é fonte de suprema felicidade. Não experimentam as necessidades, nem os sofrimentos, nem as angústias da vida material. São felizes pelo bem que fazem. (...)*